«El libro que tienes en tus manos
mezcla sorprendente de biografía c
y Betsy nos muestran con toda tı   . ..os de toda gracia
los fue guiando, paciente y tiernamente, desde la arena movediza de una fe
subjetiva, al terreno firme y fructífero del evangelio de la gloria de Cristo. Este
libro te alentará, te instruirá y te animará a seguir profundizando en tu entendimiento del evangelio y sus implicaciones mientras continúas avanzando en
tu propio peregrinaje con los ojos puestos en Jesús, el autor y consumador de
nuestra fe. Lo recomiendo de todo corazón».

Sugel Michelén
Pastor de la Iglesia Bíblica del Señor Jesucristo
en Santo Domingo (R. D.)
Autor de los libros *De parte de Dios y delante de Dios:*
Una guía de predicación expositiva y *La más*
extraordinaria historia jamás contada

«Conocí a Moisés y a Betsy precisamente en el momento cuando Dios les
empezaba a abrir los ojos a la autoridad de la Escritura y al correcto entendimiento del evangelio, y el Señor me ha dado el maravilloso privilegio de
ser testigo de Su obra transformadora en sus vidas a través de los años. Su
testimonio ha edificado mi propia vida de tantas maneras al ver el poder del
evangelio en vidas rendidas a Él. Este libro pone en evidencia y exalta el
poder de Dios para redimir, restaurar y ordenar vidas y familias. Alabo a Dios
por los corazones enseñables y moldeables de Moisés y Betsy, y es mi oración
que Dios use este recurso para traer luz a muchos que aún están ciegos o que
caminan en tinieblas».

Laura González de Chávez
Directora de Aviva Nuestros Corazones

«No podemos pensar en mejores autores para este libro ya que hemos visto
de primera mano lo mucho que Moisés y Betsy aman y viven el evangelio. A
través de este testimonio, conoce el precioso evangelio que no te dejará igual».

Jonathan y Sarah Jerez
Compositores y líderes de alabanza
Jonathan es pastor de adoración en Wheaton Bible Church /
Iglesia del Pueblo en West Chicago, Illinois

«Este libro me llena de felicidad y esperanza. Felicidad porque Moisés y Betsy son voces relevantes cuya familia es ejemplar de modo público, pero, en especial Betsy, se ha acercado a mí en privado a lo largo de los años como amiga y hermana y me ha animado con dulzura y sinceridad. Sé que lo expuesto en estas páginas se sentirá como ese acercamiento para cada lector. Además, me inunda de esperanza pensar en el potencial que conlleva un relato humilde y vulnerable de cristianos que pensaban que sabían, pero andaban a tientas por tanto tiempo. ¡Yo estuve allí! Yo también creía que creía y estaba en grave peligro, estando activa en la iglesia sin comprender a plenitud el trabajo completado de Jesús a mi favor. Yo también comparto el gozo de haber experimentado ese traslado de tinieblas a la luz, mientras según yo, sostenía una linterna para mostrarle a otros el camino. Moisés y Betsy exponen claramente el poder hermoso del evangelio a lo largo de estas páginas, el cual es necesario cada día de la vida y no solo para ese arrepentimiento inicial que comienza la relación con Dios. Estoy segura de que con este libro llenarán de luz a quienes se sumerjan en él».

Aixa de López
Diseñadora gráfica, escritora y oradora voluntaria en la junta
directiva de Alianza Cristiana para los huérfanos (ACH)
Autora de *Lágrimas valientes* y *Para siempre: Lo que la adopción
nos enseña sobre el corazón del Padre*
Copresentadora del pódcast *Religión pura*

«Este es un libro escrito por un matrimonio; una pareja de padres que a corazón abierto te compartirá cómo han aprendido a vivir a un Cristo extraordinario en el ordinario día con día. Betsy fue una de las primeras personas que creyó e inspiró mi llamado. La admiro y me emociona tanto que junto con su esposo Moisés hayan prestado sus vidas para inspirarnos a muchos a vivir el verdadero evangelio en cada área de nuestra vida».

Majo Solís
Cantante, compositora y autora

UNA VIDA
AL REVÉS

MOISÉS Y BETSY
GÓMEZ

UNA VIDA
AL REVÉS

CÓMO EL EVANGELIO LO CAMBIÓ TODO

PRÓLOGO POR MIGUEL NÚÑEZ

B&H
ESPAÑOL
NASHVILLE, TN

ÍNDICE

AGRADECIMIENTOS

Nuestros corazones rebozan de agradecimiento por las personas que Dios colocó para guiarnos a Él a lo largo de nuestro recorrido.

Los primeros que llegan a nuestras mentes son nuestros padres Guada, Pedro, Diosa y nuestra tía, Mildred. Ustedes conocían el beneficio que traería a nuestras vidas instruirnos en los caminos del Señor. Gracias por su fidelidad en la tarea de llevarnos a la iglesia y por permitirnos servir a lo largo de nuestra adolescencia y juventud.

En nuestros primeros pasos en la fe cristiana tuvimos amigos y líderes que nos inspiraron y nos amaron a pesar de nuestras faltas y caídas, y nos brindaron oportunidades de desarrollar nuestro servicio a la iglesia. ¡Siempre les estaremos agradecidos!

Nunca olvidaremos las largas conversaciones con nuestros amigos mientras abríamos la Escritura y descubríamos los tesoros del evangelio en casa de los Dorrejo. ¡Cómo olvidar la noche que invitamos al pastor Zoilo para que nos ayudara a aclarar nuestras dudas! Ha pasado mucho tiempo de esos encuentros, pero aún damos gracias por ustedes.

Hubo personas clave que Dios usó, como nuestro amigo Lenin Almonte que puso en nuestras manos el recurso de *Teología sistemática* que sirvió para guiarnos inicialmente en el estudio de la Biblia. ¡Gracias, amigo!

Gracias, Lázaro Sierra, porque tu ministerio hacia nosotros no se limitó a la confrontación con la Palabra de Dios en esa cena de Acción de Gracias. A lo largo de este recorrido tu ayuda ha seguido presente de muchas maneras. Gracias, Atilio León, por tu intencionalidad para apoyarnos durante nuestra preparación y hasta el día de hoy.

Amigos de Unidos en Cristo, gracias por sostenernos en nuestro tiempo en la Academia Ministerial de la Gracia en la ciudad de Santiago (R. D.). A nuestros amados hijos en la fe, Amor en Familia, gracias por apoyarnos en oración. ¡Nos gozamos al verlos florecer!

Gracias a nuestro amado pastor Miguel Núñez por su continuo discipulado, apoyo y cuidado. Gracias por ayudarnos a poner nuestra mirada en Cristo y por discipularnos. Gracias por seguir presente. Gracias a los pastores y a la comunidad de hermanos de la Iglesia Bautista Internacional que con su apoyo y sus oraciones nos acompañaron durante todo el proceso de aprendizaje.

Gracias, Juan José Pérez, tu modelo de humildad, tu hospitalidad y tu servicio siguen siendo un referente para nosotros. Gracias a la Iglesia Bautista la Gracia de Santiago (R. D.) por recibirnos como suyos por un año. Familia Arocha, gracias por enseñarnos con amor y paciencia las lecciones prácticas de la crianza y el matrimonio.

Gracias, Fausto y Laura, por acogernos como a sus hijos. A los amiguitos, Jonathan y Sarah Jerez, gracias por su amistad marcada por el evangelio y por las conversaciones entre series y morisoñando.

Edgar Aponte, gracias por gestionar la beca para la maestría en Southeastern Baptist Theological Seminary aún cuando no nos conocías. Gracias por el gran hermano en el que te has convertido.

Gracias, Dr. Danny Akin, y a todos nuestros amigos del SEBTS, que de profesores se convirtieron en mentores y amigos.

Damos gracias a Dios por Nancy DeMoss Wolgemuth, su enseñanza fiel a la Escritura ha sido crucial para moldear nuestro entendimiento de la feminidad bíblica. Siempre estaremos agradecidos al equipo de Aviva Nuestros Corazones por su influencia en nuestras vidas y porque cuidan a Betsy con tanto amor mientras ella da por gracia lo que ha recibido.

Damos gracias a Dios por la comunidad de la iglesia Imago Dei en Carolina del Norte. Ellos nos enseñaron con su ejemplo la intencionalidad que se requiere para ser iglesia y la importancia de que los miembros del cuerpo de Cristo se cuiden y se sirvan los unos a los otros.

Quisiéramos seguir mencionando a todos los hermanos que amamos y que de una manera u otra nos apoyaron durante nuestro tiempo en el seminario, pero no cabrían todas aquí. Ustedes saben quienes son y, lo más importante, Dios lo sabe. Oramos que Él les retribuya con creces en bendiciones espirituales.

Gracias de todo corazón a nuestros hijos, Josué y Samuel, por cuidar a Grace y a David cuando necesitábamos avanzar con el manuscrito.

A nuestro editor y antiguo pastor, José (Pepe) Mendoza, no solo fuiste testigo durante nuestra transición desde hace más de 10 años, sino que también nos guiaste de la mano a contar esta historia. ¡Gracias! Pastor Sugel, cuando le enviamos el manuscrito nunca nos imaginamos que se sumergiría a fondo en el proyecto. ¡Gracias por su marcado interés de ayudarnos!

Esta historia comenzó a escribirse mucho antes de que nos imagináramos que la íbamos a plasmar en un libro. Gracias a todo el equipo de B&H en español por brindarnos la oportunidad de contar la historia de Dios en nuestras vidas.

Dedicamos este libro a nuestros hijos Josué, Samuel, Grace y David. Esta historia es primordialmente para ustedes. Lean este libro y atesoren estas verdades en sus corazones. ¡Ustedes son nuestro ministerio más importante! Los amamos.

PRÓLOGO

Estás a punto de leer la historia de una pareja consagrada a la vida cristiana, que tenía un amor profundo por la iglesia local y que estaba involucrada activamente en el ministerio. Sin embargo, de repente ellos comenzaron a ver que, aunque estaban llenos de buenas intenciones, con frecuencia erraban en la manera en que estaban viviendo la vida que Cristo había comprado para ellos y aun en la forma en que habían estado proclamando las buenas nuevas de salvación. En las siguientes páginas vemos desarrollado el testimonio de ambos, descrito con mucha apertura y con sus propias palabras. Si hay algo que sale a relucir en su relato es el carácter de Dios. Claramente la mano del Señor estuvo sobre ellos guiándolos por medio de Su gracia de la oscuridad a la luz y del error a la verdad.

Este es un excelente relato cuyo mensaje es claro, vivencial y muestra el poder de la Palabra transformadora de Dios en la vida de esta pareja y también el cuidado de Su redentor, quien los fue llevando, por medio de la guía del Espíritu, hasta que ellos pudieran comprender de una mejor manera el evangelio que les dio salvación años atrás.

Su historia me recuerda a Apolos, cuya historia aparece en el libro de los Hechos. Era un hombre que «había sido instruido en el camino del Señor, y [era] ferviente de espíritu [...] Pero cuando Priscila y Aquila lo oyeron, lo llevaron aparte y le explicaron con mayor exactitud el camino de Dios» (Hech. 18:25-26). De una manera distinta, pero bastante similar, Moisés y Betsy habían testificado de la Palabra de Dios, habían proclamado el mensaje de salvación y pudieron ser usados para llevar personas a los pies del Señor. Pero cuando el Espíritu de Dios los tomó de la mano y los puso en contacto con aquellos que Dios había dispuesto como Sus instrumentos, ellos pudieron escuchar la verdad con mayor exactitud y llegaron a experimentar el poder sanador y transformador de la Palabra de Dios. No se trata solo del viaje de esta pareja a través de su proceso de crecimiento, sino también de un testimonio del cuidado de un Dios fiel en sus vidas.

Los mejores libros no son necesariamente aquellos escritos por hombres y mujeres de renombre, sino por aquellos que han salido a la luz después de que los autores se han «convertido» en el libro. Lo que leerás a continuación es lo que esta pareja proclama hoy con palabras y hechos.

Siempre me ha llamado la atención que los libros más populares son aquellos que nos presentan las vidas de los autores cuando ya han sido transformados y están brillando para Dios. Sin embargo, creo que necesitamos más publicaciones que nos muestren cómo Dios, en Su gracia, toma Sus hijos y los usa en su error por un tiempo; pero no los deja así, sino que, mediante un proceso que descansa en Su amor incondicional, Dios enciende Su luz en el interior de su mente y corazón para que ellos puedan ver mejor dónde estaban errados y necesitaban cambiar de curso. Estoy convencido de que cuando lleguemos a la presencia del Señor, esa luz potentísima será encendida sobre cada uno de nosotros y seremos todos corregidos, porque ahora solo conocemos «en parte, pero entonces [conoceremos] plenamente, como [hemos] sido [conocidos]» (1 Cor. 13:12).

Para que Dios se lleve toda la gloria, entonces se hace necesario que proclamemos nuestros procesos de transformación y nuestro paso de la infancia o adolescencia espiritual a la madurez en la fe. El Espíritu de Dios está comprometido a madurar nuestro carácter en la dirección de la imagen de Cristo, desarrolla nuestros dones con la experiencia y afina nuestro entendimiento sobre la verdad en la medida en que profundizamos nuestro estudio de la Palabra. Dios no solamente mejoró el caminar de Moisés y Betsy en la plenitud de Su tiempo, tal como ha pasado con todos nosotros, sino que también llevó a Moisés a estudiar teología de manera sistemática hasta alcanzar una maestría en divinidad y seguir estudiando para alcanzar un doctorado en teología. Lo menciono simplemente para ilustrar cómo Dios es capaz de producir en nosotros hambre por Su Palabra y una sed creciente de conocer más sobre el carácter de nuestro Dios. El Señor también ha llevado a Betsy a trabajar para un ministerio de mujeres y la ha preparado para hablar y escribir a un grupo de mujeres jóvenes que necesitan salvación o santificación.

No quisiera terminar sin volver a mencionar que este libro no se trata de lo que el ser humano puede hacer, sino de lo que Dios quiere y puede hacer en un hombre o en una mujer que se disponen a rendir su mente, su corazón y su voluntad a los propósitos de Dios.

Te invito a que leas este libro con humildad, tratando de conocer no solamente lo que Dios hizo en esta pareja, sino para que también puedas percibir lo que quizás Dios está haciendo o quisiera hacer con tu propia vida. Así tú también puedes constituirte en un testimonio visible del poder transformador de nuestro Creador y Redentor. Procura disponer tu mente, pero también tu voluntad para leer este libro con una actitud enseñable y verás que Dios nos llamó a vivir una vida al revés, que es como el mundo entiende esta frase. En realidad, desde el punto de vista bíblico, el llamado es a vivir una vida en la dirección correcta, porque el mundo es el que camina al revés.

Miguel Núñez
Santo Domingo
2022

PASA ADELANTE...

No anticipamos el cambio que se nos venía encima. Éramos cristianos consagrados «de toda la vida», amábamos la iglesia y estábamos metidos de lleno en el ministerio. Todo parecía marchar muy bien, pero estábamos equivocados.

Nuestros ojos estaban empañados por la tradición y las costumbres que habíamos aprendido sin cuestionar a lo largo de nuestra vida cristiana. Nuestra visión de Dios, de nosotros mismos y de nuestro entorno era defectuosa. Éramos miopes espirituales y no lo sabíamos.

Hasta un día en el que todo cambió... o mejor dicho, comenzó a cambiar.

Dios no nos dejó en la oscuridad porque Él es experto en iluminar un ambiente por más oscuro que esté y darle vista a los ciegos. Éramos como el invidente que veía a los hombres como árboles caminando (Mat. 8:22-25). Nuestra percepción de la realidad estaba distorsionada y requeríamos de un milagro.

Jesús hizo el milagro de la manera más inesperada. Él abrió nuestros ojos a las verdades del evangelio y esto produjo el mismo efecto que la sanidad del ciego confundido, ¡pudimos ver con claridad! Nuestro mundo dio un giro y pudimos ver cuán torcidas estaban nuestras vidas. Muchas de las cosas que antes parecían derechas, en realidad estaban de cabeza. Pero lo mejor del milagro de Jesús es que la gracia que nos dio ojos para ver también era poderosa para poner en orden nuestras vidas.

Lo paradójico es que mientras más Dios nos enderezaba, nuestras vidas lucían más torcidas para el mundo, porque el evangelio es una invitación a un reino al revés. El mandato de tomar nuestra cruz y seguir a Cristo nos conduce en dirección opuesta al sistema en que opera este mundo. Es un llamado a la contradicción, porque en Cristo el que pierde su vida, la ganará (Mat. 16:25, Fil. 1:21), los últimos son los primeros (Mat. 19:30), el más pequeño es el más grande (Luc. 9:48), y el que se humilla será exaltado (Mat. 23:12).

Poco a poco aprendimos que en la medida en la que nos sometemos al señorío de Cristo y a la autoridad de Su Palabra, nuestros corazones dejan de obedecer la ley de la gravedad mundana, se despegan de los tesoros de este mundo y se inclinan hacia las cosas de arriba.

A través de este libro queremos contarte cómo Dios hizo ese milagro, cómo nuestra vida fue girando al compás del evangelio. Queremos mostrarte qué es lo que sucede en una vida y en una familia cuando es capturada por la gracia irresistible de Dios.

Pasa adelante, la portada que acabas de voltear es la puerta de entrada a «una vida al ᴚEɅξϩ». Acomódate porque queremos que te sientas como si estuvieras sentado en la sala de nuestra casa. Permítenos abrir nuestros corazones y la Palabra de Dios para contarte cómo el evangelio le dio un giro radical a todas las áreas de nuestras vidas.

Moisés & Betsy Gómez
Texas, 2021

ENTRE LA BIBLIA Y LA PARED

1

El ambiente se sentía tenso para todos en la cena. Ya estábamos en el momento del postre y solo sentíamos lo amargo de la tensión del momento. «¿Dónde dice eso en la Biblia?», nos preguntó un pastor mientras le pasaba su Biblia a Moisés. Su cuestionamiento nos dejó perplejos. Era la noche de Acción de Gracias y tanto su familia como la nuestra fuimos invitados a cenar por amigos muy amados que teníamos en común.

Él nos lanzó esa pregunta luego de escucharnos hablar sobre nuestras convicciones doctrinales. Era evidente que no se conformó solo con la pasión con la que hablábamos. No se persuadió al escuchar las experiencias «extraordinarias» en las que se basaba nuestro testimonio, ni la seguridad con que Moisés compartía sus convicciones llenas de vocabulario evangélico. Hasta ese momento no nos habíamos dado cuenta de que nos faltaba algo importantísimo. Su confrontación nos movió el piso porque reveló que no manejábamos las Escrituras como pensábamos.

Su desafío nos colocó entre la Biblia y la pared.

Era el momento de sustentar bíblicamente nuestras opiniones. Moisés tomó la Biblia y literalmente se quedó sin palabras. Ambos sentíamos que nos ahogábamos en nuestro orgullo. La impotencia empujó a Moisés a responder con el primer versículo que llegó a su mente para justificar su postura equivocada. Betsy presentó algunos argumentos que no llevaron a ningún lado. El pastor sonrió, miró a su esposa y tomó su Biblia de vuelta. Mirándonos a los ojos, nos dijo: «Necesitan leer el versículo siguiente para entender lo que Dios comunicó en ese pasaje». Con mucha paciencia leyó el capítulo completo donde se encontraba ese versículo. Él no tuvo que decir más nada. La Biblia lo hizo todo. Cuando terminó de leer nos dimos cuenta de que por años estuvimos citando y enseñando ese texto fuera de su contexto y dándole un significado que en realidad no tenía.

Al recordar ese momento podemos ver claramente cómo el Espíritu Santo había estado inclinando nuestros corazones a Su verdad desde mucho antes de esa conversación, pero esa noche marcó un antes y un después en nuestras vidas. Nunca antes habíamos sido confrontados de esa manera. Siempre estuvimos del otro lado. Nos habíamos acostumbrado a ser la voz cantante en las conversaciones por nuestras posiciones de liderazgo. Éramos maestros, predicadores y Moisés era conocido por defender la fe en los medios de comunicación. Betsy era muy activa predicando en eventos juveniles y de mujeres. Moisés predicaba con mucha frecuencia en campamentos y concentraciones evangelísticas. Éramos presentadores de conciertos y eventos cristianos multitudinarios. Producíamos y conducíamos un programa radial semanal y teníamos un programa de televisión para jóvenes. En fin, nuestra pasión por Cristo era conocida en los círculos en los que nos desenvolvíamos.

Aunque ambos crecimos en iglesias y denominaciones diferentes, en esencia creíamos las mismas doctrinas esenciales: creíamos que Cristo era nuestro único y suficiente salvador y sabíamos que volvería por Su iglesia a restaurar todas las cosas. Creíamos que la Biblia era la Palabra de Dios inspirada por el Espíritu Santo. Conocíamos el fundamento de la fe cristiana, pero no pasábamos más allá de esos temas esenciales porque al final terminábamos haciendo de nuestra experiencia y la de otros una fuente de autoridad aún mayor.

Consumíamos libros y testimonios sin filtrarlos por las Escrituras. Nuestro entendimiento de la fe era influenciado por los telepredicadores, pastores y adoradores populares del momento. Simplemente hacíamos eco de sus enseñanzas y buscábamos imitar sus experiencias. Compramos la idea de que éramos los «arquitectos de nuestros sueños» y que debíamos esforzarnos por alcanzar «el diseño profético de Dios» para nuestras vidas. Nuestras oraciones estaban llenas de declaraciones y mandatos al mundo espiritual. Eso es lo que aprendimos como discípulos de avanzada de los «ungidos». Ese era nuestro norte y así visualizábamos nuestra espiritualidad. Ser como ellos era nuestra meta. Ahora, ¿entiendes por qué la confrontación de aquella noche nos marcó de esa manera? Sentimos que quedamos expuestos ante la realidad de que no conocíamos la Escritura lo suficiente para sostener aquellas cosas que habíamos aprendido, sostenido y enseñado a lo largo de nuestro andar con Dios.

Teníamos una actitud cínica hacia las personas que confrontaban nuestras creencias y experiencias con lo que llamábamos «textos rebuscados». Nos justificábamos afirmando que todo eso era contrario al «mover del Espíritu». Por eso nunca estuvimos dispuestos a prestar oído a lo que no se alineara a nuestras prácticas y convicciones. Cuando se trataba de historias bíblicas, las conocíamos todas. Podíamos ganar cualquier competencia de datos y curiosidades bíblicas. Sabíamos los versículos más populares de memoria y aunque habíamos leído la Escritura de principio a fin nunca nos detuvimos a estudiarla a profundidad. Por eso no aceptábamos ninguna crítica a nuestro sistema de creencias y experiencias. Éramos sabios en nuestra propia opinión, nos lo sabíamos todo. Pero esta vez no nos encontrábamos debatiendo con las palabras de predicador elocuente y carismático como esos que tanto nos atraían. Dios usó Su Palabra poderosa y eterna y cual espada, nos traspasó hasta lo más profundo de nuestra alma. A partir de ese momento Dios nos cambió las reglas del juego. Él convirtió la apatía y el cinismo en hambre por toda la verdad de Dios.

Teníamos un apetito por la verdad mezclado con una curiosidad por validar lo que ya creíamos. El Señor tenía que derribar muchas de las creencias que habíamos construido en nuestro corazón a lo largo de los años. Sin embargo, en la medida en que nos acercábamos con un corazón dócil y enseñable a la Biblia, iban cayendo escamas de nuestros ojos. Hay tantas cosas que

DIOS USÓ SU PALABRA, Y CUAL ESPADA, NOS TRASPASÓ HASTA LO MÁS PROFUNDO DE NUESTRA ALMA.

fuimos descubriendo, que solo quisiéramos enumerar algunas de ellas. Descubrimos que...

— La voluntad de Dios no es un enigma escondido en códigos misteriosos que debíamos descifrar (Sal. 143:10, 1 Ts. 5:16-18, Rom 12:1-2).
— No tenemos que cargar con el peso de ser los gestores de lo que sucede en el mundo espiritual (2 Cor. 3:18, Fil. 1:6).
— La voz profética más segura es la Escritura (2 Ped. 1:19, Heb. 1:1-2)
— El centro del plan de salvación no es del ser humano (Heb. 12:2).
— Nuestras obras no son suficientes para salvarnos (Efe. 2:8-9).
— La obra de Cristo es suficiente para sostenernos hasta el final. (Efe. 1:13-14, Jds. 24-25, Rom 8:30, Jn. 10:28-29)

¡Nuestros corazones querían explotar! Pero ya nos estamos adelantando, en los próximos capítulos hablaremos más de estas cosas.

Mientras estudiábamos la Biblia, uno de los pasajes que nos sacudió fuertemente fueron las siguientes palabras de Jesús:

«No todo el que me dice: "Señor, Señor", entrará en el reino de los cielos, sino el que hace la voluntad de Mi Padre que está en los cielos. Muchos me dirán en aquel día: "Señor, Señor, ¿no profetizamos en Tu nombre, y en Tu nombre echamos fuera demonios, y en Tu nombre hicimos muchos milagros?". Entonces les declararé: "Jamás los conocí; apártense de Mí, los que practican la iniquidad» (Mat. 7:21-23).

Algunas preguntas surgieron en nuestras mentes después de leerlo: ¿cómo sabemos que no somos de esos a quienes Jesús les dirá: «Jamás los conocí»? ¿Cómo nos aseguramos de que no estamos siguiendo a uno de ellos? ¿Conocemos cuál es la voluntad de Dios?

Las preguntas comenzaron a inundar nuestros corazones. Éramos movidos por un interés genuino por conocer las respuestas. Solo el imaginarnos que podríamos estar en el grupo de aquellos que recibirán aquel veredicto en el día del juicio final —«Jamás los conocí, apártense de Mí»— nos estremecía. Teníamos que ser sinceros con nosotros mismos porque lo que escuchábamos, practicábamos, compartíamos y enseñábamos a otros se parecía demasiado a la descripción dada por Jesús en el Evangelio de Mateo.

Eso no es lo único que nos enseñó ese pasaje. Al final del capítulo, Jesús hace una serie de advertencias acerca de los falsos maestros y es en el contexto de esta enseñanza que Él especifica que no solo hay falsos maestros, sino también falsos discípulos.

Cuando Él les dijo: «No todo el que me dice: "**Señor, Señor**", entrará en el reino de los cielos... Muchos me dirán en aquel día: "**Señor, Señor**..."» (Mat. 7:21, énfasis añadido), sin duda les hablaba a personas que «creen» tener una relación con Él. De hecho, era muy común hacer este tipo de repeticiones del nombre cuando tenías una relación íntima con alguien. Lo vemos en el Antiguo Testamento cuando Dios llama a Abraham dos veces (Gén. 22:11) y a Samuel (1 Sam. 3:10). También en el Nuevo Testamento cuando Jesús llama a Marta dos veces (Luc. 10:38), a Simón Pedro también (Luc. 22:41) o cuando dice en la cruz: «Dios mío, Dios mío» citando el Salmo 22:1.

Jesús nos presenta a personas que creen tener una relación cercana con Dios, pero son sorprendidas por el Señor al decirles que están equivocadas. Ellos estaban haciendo cosas para Dios e invirtiendo tiempo y dinero en «Su reino». Más aún, piensan que hacer la voluntad de Dios o estar dentro de Su voluntad se evidencia por medio de los milagros, las profecías o el echar fuera demonios, pero a la hora de la verdad Jesús los rechaza porque no los conoce, dando a entender con claridad que todo descansa en la autoridad de Jesucristo. Es muy triste decirlo, pero ellos no estaban sirviendo a Jesucristo, quien ni siquiera los conocía, sino al dios de su imaginación, no al Dios que se ha revelado a través de la Escritura. En otras palabras, la conclusión que sacamos es que podemos pasar toda la vida creyendo que estamos agradando a Dios y haciendo Su voluntad y, al mismo tiempo, estar sinceramente equivocados.

Este pasaje fue un llamado de alerta para nosotros. Nos vimos haciendo cosas para Dios que en realidad no nos había pedido. Estábamos repitiendo enseñanzas enlatadas porque las aprendimos así, las oímos al líder de moda o porque las leímos en un libro. Decíamos estar sirviendo a Dios, pero en realidad estábamos impulsados por las tendencias evangélicas del momento y el sentir de nuestros corazones, sin validar si éramos coherentes con la voluntad y el plan de Dios expresado en Su Palabra.

27

Pero Dios fue muy misericordioso y no nos dejó allí. Él nos mostró el espejo de Su verdad y contemplamos nuestra realidad: teníamos pasión por Dios, pero necesitábamos buscarlo correctamente. En Su gracia, Él nos concedió pasiones nuevas. Como daltónicos que pueden mirar a todo color por primera vez, todo lo que leíamos en la Escritura nos asombraba. Lo que antes lucía pálido comenzó a tomar color. Queríamos conocerlo en toda Su majestad y quedamos deslumbrados ante la belleza de Su carácter y Su extraordinario plan de redención. Esto redefinió por completo lo que hasta ese momento pensábamos que era una relación íntima con Dios. Aunque es una relación de amor en donde están involucrados nuestros sentimientos, no se trata solo de una experiencia emocional, sino que es primeramente una experiencia guiada por el Espíritu Santo a través de la revelación escrita por Dios mismo (Juan 16:13).

Volvamos a la cena de Acción de Gracias. Cuando el pastor nos confrontó con la pregunta: «¿Dónde dice eso en la Biblia?», implícitamente nos estaba enseñando dos aspectos vitales para todo creyente: el manejar la Palabra con precisión y el someterse a la autoridad de las Escrituras. Esa noche quedó en evidencia que ambas cosas brillaban por su ausencia en nuestras vidas.

Éramos muy diligentes y apasionados en muchas cosas, pero no en algo que es fundamental en la vida cristiana: manejar con precisión la Palabra de Dios. La usábamos como apoyo para sustentar las doctrinas que abrazábamos, pero no como el punto de partida de nuestras convicciones. Desde esa primera conversación aprendimos que conocer y manejar la Palabra de Dios no es una opción para el creyente. De hecho, Pablo, en la carta que escribió antes de morir, le dice con urgencia a su discípulo Timoteo:

«**Procura con diligencia** presentarte a Dios aprobado, como obrero que no tiene de qué avergonzarse, **que maneja con precisión la palabra de verdad**» (2 Tim. 2:15, énfasis añadido).

Esta no era una advertencia cualquiera. El manejo fiel de las Escrituras era lo único que podía guardar a Timoteo y al pueblo de Dios de las corrientes falsas y de aquellos que torciendo las Escrituras arrastran a otros a desviarse de la verdad (2 Tim. 2:17-18) y a ir detrás de mitos (2 Tim. 4:3-4). La instrucción de Pablo fue aún más lejos. No bastaba con manejar la Palabra correctamente, también llamó a Timoteo a someterse a la Biblia en todo y a hacer de ella la única fuente de autoridad en todos los aspectos de la vida. Pablo lo estableció de la siguiente manera:

«Toda Escritura es inspirada por Dios y útil para enseñar, para reprender, para corregir, para instruir en justicia, a fin de que el hombre de Dios sea perfecto, equipado para toda buena obra» (2 Tim. 3:16-17).

Dios ha provisto Su Palabra con el fin de perfeccionarnos y equiparnos para hacer Su voluntad. La Biblia no necesita adiciones ni nuevas revelaciones. En ella tenemos todo lo que necesitamos para caminar de una manera que agrade a Dios.

No solo Timoteo necesitaba esa advertencia, nosotros también. Si nos hubieses preguntado en aquel entonces si estábamos sometidos a la Palabra, te hubiésemos respondido con un ¡sí! rotundo. Pero nuestra forma de vivir y hacer ministerio revelaba que en realidad estábamos sometidos a autoridades humanas, tradiciones y experiencias.

Te pondremos un ejemplo. Cuando Moisés enseñaba que para ser parte de un ministerio en la iglesia todo cristiano debía pasar por un proceso minucioso de liberación personal, ¿de dónde lo sacó? Indiscutiblemente, de enseñanzas repetidas, de libros y de predicadores que lo enseñaban, pero no de la Palabra de Dios. La Biblia nos muestra todo lo contrario:

«Y cuando estabais muertos en vuestros delitos y en la incircuncisión de vuestra carne, os dio vida juntamente con Él, habiéndonos perdonado todos los delitos, habiendo cancelado el documento de deuda que consistía en decretos contra nosotros y que nos era adverso, y lo ha quitado de en medio, clavándolo en la cruz. Y habiendo despojado a los poderes y autoridades, hizo de ellos un espectáculo público, triunfando sobre ellos por medio de Él» (Col. 2:13-15, LBLA).

Al abrazar este tipo de prácticas declaramos que la obra de Cristo en la cruz no fue suficiente y que necesitamos obras adicionales para alcanzar la verdadera libertad. Nada más falso que eso. ¡Cristo es más que suficiente para nuestra liberación!

«Así que, si el Hijo los hace libres, ustedes serán verdaderamente libres» (Juan 8:36).

Así comenzó una jornada que no terminará mientras estemos de este lado del sol. Dios inició un proceso irreversible en nosotros al invitarnos a conocerlo mientras nosotros vamos rindiendo cada aspecto de nuestras vidas a la autoridad de Su Palabra. Esto puede sonar sencillo, pero no fue fácil.

Someternos al señorío de Cristo equivalía a someternos a Su autoridad y eso implicaba que teníamos que despojarnos de mucho del bagaje con el que cargábamos. Teníamos toda una vida de tradiciones aprendidas y, por supuesto, no todas eran antibíblicas. Lo que nos tocaba ahora era discernir cuáles eran y cuáles no. Ese camino de desaprender y aprender nos produjo (y sigue produciendo) un gozo extraordinario, pero también trajo consigo muchos cambios, confrontaciones y decisiones que exigían mucha oración, sujeción, valentía y fe. El recorrido fue espinoso y doloroso, pero nunca caminamos solos, el Buen Pastor nos guio pacientemente a aguas de reposo.

SOMETERNOS AL SEÑORÍO DE CRISTO EQUIVALÍA A SOMETERNOS A SU AUTORIDAD

En los meses siguientes, Dios abrió nuestro entendimiento para comprender algo extraordinario. El mensaje que lo cambiaría todo.

REFLEXIONA

• ¿A cuáles riesgos nos enfrentamos cuando no nos sometemos a la autoridad de la Palabra de Dios?

• ¿Cómo nos beneficia el hacer de la Escritura el fundamento de nuestras convicciones?

• ¿Es la humildad o el orgullo lo que reluce en ti cuando alguien te confronta con la Palabra de Dios?

• ¿Te caracterizas por mostrar un corazón enseñable ante la Palabra de Dios cuando se trata de tus convicciones y tradiciones?

• Al leer este capítulo, ¿cómo te está llamando Dios a responder?

LA OTRA CARA DE LA MONEDA

2

Éramos nuevos en el grupo de parejas, saludamos tímidamente y encontramos dos asientos. El pastor casi de inmediato inició con una oración, y tan pronto como dijo «amén», lanzó la pregunta: «¿Qué es el evangelio?». Todos permanecieron inmóviles por unos segundos, evadiendo el contacto visual. Betsy no aguantó la tensión. Ella sentía que necesitaba romper el silencio y levantó la mano para contestar. El pastor la miró y asintió con una sonrisa mientras esperaba la respuesta. Betsy, luego de mostrar tanta seguridad, sentía que no le salían las palabras. Simplemente no sabía cómo poner en orden todas las piezas que flotaban en su mente. Comenzó a titubear con la mirada perdida, hasta que se dio por vencida y dijo: «Sé la respuesta, pero no sé cómo organizarla, no sé cómo articularla en una oración».

Mientras Betsy hacía el esfuerzo por responder, Moisés trataba de articular ideas que venían a su mente: «¿Es el evangelio nuestra doctrina?... es obvio que se trata del mensaje que compartimos con el perdido... es la buena noticia del amor de Dios...». El pastor no le dio tiempo para decidirse por la mejor respuesta, retomó la palabra, le agradeció a Betsy por el esfuerzo y abrió su Biblia en Génesis.

Esa noche quedó grabada en nuestra memoria porque puso de manifiesto nuestro pobre entendimiento del evangelio. Suena extraño, lo sabemos. De hecho, hasta parece una contradicción. Especialmente tratándose de personas que crecieron en la iglesia, desde niños profesaban fe en Jesucristo y eran muy activas en la iglesia. De hecho, nos sentíamos orgullosos de ser llamados evangélicos, aunque no sabíamos con exactitud qué significaba realmente el evangelio.

Uno de los apodos de Betsy en la escuela era «la evangélica». Ella realmente se esforzaba por dar «testimonio del evangelio» y lo hacía diferenciándose en su comportamiento, manera de vestir y en su deseo por compartirle a sus amigos del amor de Dios. Moisés no se quedaba atrás en sus esfuerzos. Él participaba activamente en campañas evangelísticas en lugares públicos en distintas provincias de nuestro país. Entendía que la evangelización consistía en compartir tratados, recursos audiovisuales impactantes, presentaciones dramáticas en vivo, enseñar principios morales para ser mejores ciudadanos e invitarlos a la iglesia. Quisiéramos aclarar lo siguiente para no ser malinterpretados. Tenemos la confianza de que Dios, en Su soberanía y gracia, ha usado esos esfuerzos para salvar a muchos, pero cuando se trataba de nuestro entendimiento de Su obra, definitivamente había piezas que nos faltaban y el gran problema era que no sabíamos qué era lo que nos faltaba.

Sí sabíamos que «evangelio» es una palabra que significa «buenas noticias» o «buenas nuevas». Cuando se trataba de esas «buenas nuevas» nuestro entendimiento era unidimensional porque nos conformábamos con una sola cara de la moneda: el amor de Dios. Nos imaginamos que podrías estar pensando: «¿Qué tiene eso de malo?». ¿Acaso no fue el amor de Dios el que nos salvó? ¿No dijo Jesús que «de tal manera amó Dios al mundo que ha dado a su único Hijo»? Sí, todo eso es cierto, sin embargo, todo cambia cuando queremos ir un poco más profundo y nos enfrentamos a preguntas como estas: ¿por qué el Padre tuvo que enviar a Su único Hijo a morir? ¿Por qué Jesús recibió un castigo tan cruel? ¿Por qué un sacrificio tan humillante? ¿Cuál era el problema que Su obra resolvió en la cruz? ¿Por qué Dios demostró Su amor de esa manera y no de otra? ¿Qué significa que Él haya tenido que tomar nuestro lugar? ¿Por qué el hombre tiene que arrepentirse?

Lo que habíamos perdido de vista y nunca antes habíamos considerado es que la buena noticia del amor de Dios es tan hermosa y necesaria porque está precedida de una muy mala noticia que nos involucra a todos nosotros. Imagina a ese hombre en el parque al que te acercas para decirle que Dios lo ama y tiene un plan maravilloso para su vida. Él te responde con una sonrisa y te da las gracias porque se siente reconfortado al saber que el Creador lo ama. Pero debemos reconocer que ese es un mensaje incompleto que deja a esa persona en el mismo lugar espiritual en donde se encontraba antes de que le habláramos. Lo que ha pasado es que no la hemos ayudado a entender cómo es que el Señor decidió manifestar Su amor, ni tampoco su absoluta necesidad de Cristo y el arrepentimiento de sus pecados como respuesta fundamental de su parte. El evangelio no es unidimensional, sino multidimensional.

No solo trata sobre el amor de Dios, hay una verdad que le antecede y que hace que todo cobre sentido y que sea la más grande y maravillosa buena noticia de todos los tiempos. Partamos por la verdad sobre la humanidad que anuncia con absoluta claridad la Biblia. Aunque el corazón del señor del parque está latiendo, en realidad está muerto espiritualmente. Es un pecador que ha ofendido a un Dios santo y justo. Ninguno de nosotros nunca podrá agradar a Dios ni llenar Su estándar por más que lo intentemos. La condición de ese hombre es deplorable porque es merecedor de la condenación eterna. Él necesita con urgencia que alguien lo salve de su horrible condición porque no puede hacer nada por sí mismo para salvarse.

¿Te das cuenta de cómo cambia el panorama cuando nuestros ojos son abiertos ante la realidad de nuestra condición? ¿Ves cómo el estado del ser humano sin Cristo hace que la buena noticia del amor de Dios luzca extraordinaria? Solo podremos presentar las buenas noticias a plenitud cuando no dejamos afuera las malas noticias que hacen que las buenas noticias sean extraordinarias y tan necesarias.

La realidad del pecado y la condenación humana es ineludible y sombría, pero nuestros corazones estallaron de gozo porque vimos la magnitud del amor de Dios al venir en nuestro rescate de una forma aún más clara. En nuestra percepción equivocada del evangelio, nos veíamos como un enfermo terminal que toma la decisión de darle la oportunidad al médico que le ofrece la cura para su dolencia. Nuestro error era sentirnos capaces de darle la bienvenida a Cristo para «permitirle» que nos salvara de nuestra «triste» condición.

Mientras estudiábamos la Biblia y observábamos con detenimiento cómo Dios describe el estado del ser humano sin Cristo, nuestros ojos fueron abiertos a una realidad que ignorábamos. La descripción de un hombre enfermo no se compara con lo que la Escritura afirma de la condición caída del ser humano. La Biblia nos presentó una imagen espantosa. Vimos a un muerto, a un ser sin vida espiritual, incapacitado de hacer nada por sí mismo para salir de su condición de muerte espiritual. En nuestro caminar como cristianos conocíamos sobre el pecado, quizás más como un tema moral y de comportamiento, pero nunca habíamos contemplado cuán aterradora era nuestra condición. Esa noche memorable del grupo de parejas nos mostró la otra cara de la moneda: las malas noticias. De entrada, nos llamó la atención que el pastor abriera su Biblia en Génesis y no en un pasaje del Nuevo Testamento, porque hasta ese entonces no veíamos una conexión obvia entre «la historia de la creación» y las buenas nuevas.

Leímos los tres primeros capítulos junto al grupo sin dejar que nuestros prejuicios nublaran nuestro entendimiento. Allí observamos a un Dios trino, santo, absolutamente suficiente que creó al hombre y a la mujer a Su imagen y semejanza. Él les proveyó todo cuanto necesitaban para su bienestar y les dio un mandato claro y bendecido (Gén. 2:16-17). Sin embargo, ambos decidieron desobedecer a Su amorosa Palabra. Al menospreciar la verdad de Dios, se entregaron a la mentira diabólica de que podían constituirse en su propia autoridad y ser como Dios, rebelándose contra Dios y Su bondad (Gén. 3:1-7). Adán, el padre de la humanidad y quien era nuestro representante, cayó y arrastró consigo a toda la humanidad en el abismo del pecado (Rom. 5:12-19).

Las consecuencias han sido devastadoras desde entonces. Adán y Eva fueron expulsados del Edén y de la presencia de Dios (Gén. 3:22-24). Todo se rompió, empezando con su relación con el Creador y continuando con la relación entre ellos y su descendencia. Todo lo que era puro y santo se corrompió en la humanidad y en toda la creación. El dolor y la muerte comenzaron a formar parte inexorable de la dinámica de sus días.

El pecado afectó todas las esferas de la creación. A todo esto se le conoce como la caída porque el ser humano nace muerto espiritualmente, separado de Dios e incapaz de restaurar su relación con Él (Rom. 3:23). La inclinación natural del corazón humano es hacia el pecado y por eso se rehúsa a hacer la voluntad de Dios. A partir de esa noche memorable pudimos conectar los puntos entre lo que sucedió en Génesis y la funesta condición de todo ser humano.

Las consecuencias de esta verdad atravesaron nuestros corazones y nos ayudaron a poner muchas de las piezas que estaban sueltas en su lugar. Esta realidad no solo describe al ser humano más malvado que haya existido, sino que era nuestra condición antes de que Cristo nos rescatara y nos devolviera a la vida.

Esa noche nos fuimos a casa con deseos de conocer más dimensiones del evangelio. Encontramos tantos textos bíblicos que nos apuntaban a esa realidad. Nos detuvimos en pasajes que habíamos leído tantas veces, pero en esta ocasión estábamos prestando atención a lo que Dios había revelado en Su Palabra, en lugar de simplemente confirmar nuestras ideas preconcebidas. Ya no queríamos manejar la Biblia a nuestro antojo, tijereteándola por aquí y por allá, sino que anhelábamos que toda la Palabra de Dios fuera lámpara para nuestro caminar cristiano (Sal. 119:105).

Por ejemplo, cuando el apóstol Pablo les dice a los creyentes de Éfeso: «Y Él os dio vida a vosotros, que estabais muertos en vuestros delitos y pecados» (Ef. 2:1). La muerte era nuestra condición espiritual antes de recibir la vida que tenemos en Cristo. Puede sonarte familiar y hasta un poco metafórico, pero permite que se asiente en tu corazón esa verdad sin diluirla con tus ideas preconcebidas por un momento. La muerte es la separación absoluta de Dios y de toda Su bondad. ¿Te lo imaginas?

La condición en la que el hombre nace es muerto en sus delitos y pecados. Cada persona sin Cristo que ves caminando en el centro comercial o en las calles respira y camina, pero está muerta espiritualmente. Su alma está condenada a una eternidad sin Dios y, tal como un cadáver enterrado bajo tierra, ellos no pueden hacer nada por sí mismos para escapar de ese estado. Sus corazones y deseos se encuentran atraídos sin remedio a la propuesta que ofrece el príncipe de este mundo: Satanás. Además viven para satisfacer los deseos que su carne y

NO EXISTE UNA IMAGEN MÁS TERRORÍFICA QUE ESTA: «PECADORES EN LAS MANOS DE UN DIOS AIRADO».

su mente les demandan y que se oponen por completo a la voluntad de Dios. Pablo lo explica de la siguiente manera:

> «... en los cuales anduvisteis en otro tiempo según la corriente de este mundo, conforme al príncipe de la potestad del aire, el espíritu que ahora opera en los hijos de desobediencia, entre los cuales también todos nosotros en otro tiempo vivíamos en las pasiones de nuestra carne, satisfaciendo los deseos de la carne y de la mente, y éramos por naturaleza hijos de ira, lo mismo que los demás» (Ef. 2:2-3, LBLA).

Probablemente muchos de ellos pueden alegar con cierta convicción que tienen una relación con Dios «a su manera». Solo que a causa de su pecado es una relación de enemistad con Dios (Rom. 5:10). Dios es santo y justo, no tolera el pecado y por eso basta una sola ofensa para no alcanzar el estándar que Dios demanda para obtener Su aprobación (Rom. 3:23).

Cuando creíamos que ya teníamos suficientes malas noticias, nos dimos cuenta de que la realidad es aún peor. El ser humano sin Cristo está alejado de Dios (Ef. 2:13), su ánimo es hostil hacia Dios porque se dirige en dirección opuesta a lo que el Señor ha establecido (Col. 1:21). Los ojos de todo ser humano, sin distinción, están cegados y son incapaces de ver las buenas noticias del evangelio (2 Cor. 4:4). Lo más espantoso es que, por causa de su desobediencia, se encuentra bajo la ira de Dios (Juan 3:36). No existe una imagen más terrorífica que esta: «pecadores en las manos de un Dios airado».[1]

No hay ser humano vivo o que haya vivido que esté fuera de la condenación. No hay hombre o mujer de todas las épocas que haya logrado por méritos propios obtener su propia salvación. No existe fuerza humana capaz de revertir esa condición. Todo esfuerzo se queda corto, se necesita una obra extraordinaria que ningún ser humano es capaz de realizar.

Es más fácil imaginar esa condición cuando pensamos en personas que no conocen a Cristo, pero cuando reconocemos que esa misma condición deplorable recaía sobre nosotros y nos vemos en ese espejo, todo cambia

---

[1] Este es el título de un famoso sermón del predicador Jonathan Edwards (1753-1758). https://www.thirdmill.org/files/spanish/21734~1_23_01_9-13-30_PM~Pecadores_en_las_Manos_de_un_Dios_Airado.html

porque podemos apreciar por qué la obra de Cristo sí es una buena noticia excepcional y única. Han sido incontables las veces en las que hemos meditado en nuestra condición sin Cristo y hemos terminado postrados hasta las lágrimas en agradecimiento por el enorme amor y misericordia del Señor por nosotros. Que la Escritura nos revele de dónde nos sacó Dios, nos ayude a valorar la grandeza del amor de Dios manifestado por medio del sacrificio hecho por Cristo en la cruz.

EL CONOCER EL AMOR DE DIOS A LA LUZ DE NUESTRA DEPLORABLE CONDICIÓN NOS CONDUJO A LA ADORACIÓN.

Aquella noche memorable no solo escuchamos malas noticias, el pastor también nos enseñó en Génesis cómo Dios introdujo Su plan perfecto de redención. ¡Eso sí que fue sorprendente! De repente, la historia dio un giro inmediato y espectacular. Luego de la horrible, aunque justa, sentencia por el pecado, Dios prometió que Él mismo (sí, ¡Él mismo!) limpiaría el desastre que el ser humano había causado. La solución tenía que bajar literalmente del cielo. El Señor prometió que enviaría a un Redentor, Su único Hijo encarnado, descendiente de una mujer, que aunque sería herido, vencería el pecado y destruiría definitivamente a Satanás y la muerte. Léelo en Génesis 3:15, allí se encuentra el primer anuncio del evangelio.

No tenemos palabras para expresar el gozo que experimentamos al ver a Dios en acción a nuestro favor desde el principio, casi inmediatamente después de que Adán y Eva se rebelaron contra su Creador y Señor. Él no se quedó de brazos cruzados ante la incapacidad y rebeldía humana para acercarse a Él. La promesa de salvación estuvo acompañada de vestiduras de pieles que cubrieron temporalmente la vergüenza de Adán y Eva (Gén. 3:21). Los estudiosos de la Biblia señalan que se trata del primer sacrificio animal que ya apuntaba al sacrificio perfecto y permanente de Cristo que cubriría la vergüenza del ser humano para siempre.

El conocer el amor de Dios a la luz de nuestra deplorable condición nos condujo a la adoración. ¿Te das cuenta por qué era tan importante conocer las dos caras de la moneda? Aquí listamos algunas de las cosas que aprendimos en nuestra jornada que nos llevó a un mejor entendimiento del evangelio.

Al conocer las buenas noticias del evangelio y considerar las malas noticias de nuestra condición:

• **Crece nuestro asombro de la santidad de Dios.** Dios es tres veces santo y no se relaciona con el pecado ni lo tolera. La santidad de Dios revela tanto Su pureza, carácter y trascendencia. Por eso demanda que todos seamos santos como Él es santo. Sin embargo, el ser humano no puede alcanzar ese estándar de santidad por sí mismo producto de su pecado. Es por eso que necesitamos de un Salvador. La obra perfecta de Cristo nos provee la salvación y a través de ella nos viste de Su santidad y justicia.

• **Tomamos el pecado en serio.** Dios expulsó a Adán y Eva del Edén porque pecaron contra Dios. El Señor no pasó por alto la transgresión. Es importante que entendamos que Dios no se agrada con el pecado ni con el pecador. De hecho, si queremos ver cómo Dios trata el pecado, nos basta con mirar la cruz. El pecado es algo que no debemos tomar a la ligera porque Dios lo tomó muy en serio. Dios sacrificó a Su hijo en la cruz para reconciliar al ser humano consigo mismo. (Col. 1:20)

• **Entendemos el plan de redención de Dios.** Mientras más conozcamos nuestra condición, caída y contemplemos la obra de amor manifestada en la cruz, entenderemos mejor por qué el plan de redención para la humanidad era necesario. No existe manera alguna en la que el ser humano pueda pagar por su pecado. La deuda es infinita y por eso se requería de un sacrificio perfecto y de una obediencia perfecta. Ni Adán ni ninguno de sus descendientes pecadores podrían alcanzarlo por sí mismos. Esa es la razón amorosa por la que Dios bajó del cielo, se encarnó y pagó el precio por el pecado y venció a la muerte. Solo Él podría hacerlo por nosotros (1 Cor. 15:21-22).

• **Contemplamos la misericordia y la gracia de Dios.** Dios no nos ha dado el castigo que merecemos: separación eterna de Su presencia. Pablo, luego de describir la miserable condición del hombre a los efesios, interrumpe por un momento su reflexión para mostrarles la misericordia y la gracia de Dios diciéndoles: «pero Dios, que es rico en misericordia, por causa del gran amor con que nos amó, aun cuando estábamos muertos en nuestros delitos, nos dio vida juntamente con Cristo (por gracia ustedes han sido salvados)» (Ef. 2:4-5).

Al conocer el lado de la moneda que manifiesta con claridad nuestra condición, podemos entender mucho mejor y en carne propia qué es la misericordia y la gracia. La misericordia de Dios se mostró al no darnos el castigo eterno que merecíamos y la gracia al recibir gratuitamente la salvación que no merecíamos.

De seguro conoces el pasaje que está a continuación, pero ahora queremos pedirte que lo puedas ver bajo la luz de todo lo que acabamos de mencionar:

«Porque por gracia habéis sido salvados por medio de la fe,
y esto no de vosotros, sino que es don de Dios;
no por obras, para que nadie se gloríe» (Ef. 2:8-9, LBLA).

Desde esa reunión de parejas aprendimos tantas cosas. No aprendimos muchas cosas sobre el matrimonio, pero sí de la multidimensionalidad del evangelio. Conocer las dos caras de la moneda del evangelio quitó de nosotros, de una vez por todas, todo protagonismo espiritual y nos ayudó a centrarnos en Dios por Su regalo de salvación inmerecido. Al entender la condición miserable en que nos encontrábamos y nuestra incapacidad de salvarnos, esa realidad destruyó todo intento de opacar la obra de Cristo en la cruz con nuestros esfuerzos humanos, y nos postró (y nos sigue postrando) para darle ¡toda la gloria a Dios!

Hasta ese punto parecíamos niños mojando sus pies en la orilla de un inmenso mar. Había tanto por descubrir, teníamos tantas ganas de seguir conociendo más sobre el evangelio. Esa noche llegamos a la reunión sin poder articular una definición concisa del evangelio, pero salimos con corazones que ardían de agradecimiento por el amor de Cristo manifestado en la cruz del Calvario a pesar de nuestro pecado.

LA MISERICORDIA DE DIOS SE MOSTRÓ AL NO DARNOS EL CASTIGO ETERNO QUE MERECÍAMOS Y LA GRACIA AL RECIBIR GRATUITAMENTE LA SALVACIÓN QUE NO MERECÍAMOS.

REFLEXIONA

• ¿Cuáles son algunos de los beneficios que adquirimos cuando conocemos nuestra condición espiritual sin Cristo y la contrastamos con el amor de Dios?

• Lee Efesios 2:1-9. Haz una lista de tu antigua condición y tu nueva realidad en Cristo.

• ¿De qué manera tu adoración a Dios se enriquece al conocer la gracia de Dios sobre tu vida?

• ¿Por qué es importante tomar en cuenta «las dos caras de la moneda» al momento de compartir el evangelio?

EL EVANGELIO LO CAMBIÓ TODO

3

PRIMERA PARTE

Tenemos algo que confesarte. Aunque todo lucía muy bien por fuera, la verdad es que mientras nos íbamos dando cuenta de que nuestro entendimiento del evangelio era incompleto, eso nos permitía ver con mayor claridad que nuestra vida cristiana no era como la imaginábamos, sino que era en realidad deficiente. Queremos ser muy honestos y reconocer que, aunque nuestros mensajes y apariencias siempre demostraban mucho poder, estabilidad y fe, en realidad no experimentábamos esa victoria tan proclamada en nuestra lucha contra el pecado y en nuestro crecimiento espiritual. Sí, sentíamos el gozo del Señor, pero era más como una montaña rusa con muchos vaivenes e inestabilidad.

En los momentos de debilidad tratábamos de reparar la comunión con Dios que, a nuestro juicio «habíamos roto», por nuestros propios medios y entendíamos que los momentos de victoria eran la recompensa de nuestro esfuerzo al alcanzar nuestro propio estándar de santidad. La versión errada del evangelio que habíamos abrazado daba como resultado un caminar de fe defectuoso y volátil. Simplemente no vivíamos a la luz de las promesas y las verdades de las buenas nuevas.

Esto nos recuerda a una amiga cuando no encontraba a sus hijos adoptivos por ningún lado. Luego de buscar con desesperación en toda la casa, los encontró escondidos y temerosos en el clóset. Esconderse era su forma de buscar seguridad y sobrevivir porque venían de un hogar marcado por el abuso y el maltrato. Por más que su nueva madre les explicaba que ahora pertenecían a una nueva familia, ellos no lograban comprender que todo había cambiado. Ellos no asimilaban lo que significaba tener ahora padres amorosos y un hogar seguro.

LA VERSIÓN ERRADA DEL EVANGELIO QUE HABÍAMOS ABRAZADO DABA COMO RESULTADO UN CAMINAR DE FE DEFECTUOSO.

La vida de estos niños sí había cambiado radicalmente desde el momento en que fueron insertados en una nueva familia. Ellos ya no eran parte del círculo dañino al que pertenecían en su familia de origen. Ahora tenían padres dispuestos a amarlos y a protegerlos. Pero esos niños todavía tenían un largo recorrido por delante: necesitaban aprender esa nueva realidad que ahora los definía porque, por defecto, tendían a volver a actuar como si nada hubiera cambiado y sus temores seguían latentes.

Escuchamos esa conmovedora historia hace mucho tiempo y no podemos olvidarla porque nos identificamos mucho con esos niños. Una de las grandes bendiciones que tenemos los cristianos es que hemos sido injertados en la familia de Dios. Él nos ha adoptado soberana y amorosamente, y nos ha hecho sus hijos (Juan 1:12-13; 1 Jn. 3:1).

Nosotros, al igual que ellos, no solo necesitábamos conocer bien la buena noticia de nuestra nueva condición como hijos de Dios, sino que también debíamos entenderla, creerla y aprender a vivir diariamente a la luz de nuestra nueva realidad establecida por la gracia de Dios.

Sabíamos que la obra de salvación traería gozo, reposo y plenitud, ¿pero cómo podíamos obtener esas bendiciones? Necesitábamos conocer los beneficios de la obra de Cristo a nuestro favor para experimentar por completo la vida extraordinaria que tanto anhelábamos. A lo mejor tú también has estado viviendo como un esclavo cuando en realidad eres completamente libre en Cristo. Quizás estás llevando una carga que ya Cristo tomó sobre sus hombros en la cruz o estás agotado al tratar de cambiar una realidad que ya Cristo cambió por ti. Si es así, te entendemos y quisiéramos contarte un poco de esa historia de frustración por falta de entendimiento en nuestras propias vidas.

Moisés vivía con una carga muy pesada sobre sus hombros a causa del sentimiento de culpa por sus pecados pasados. A pesar de conocer sobre el perdón de Dios, él pensaba que tenía que lidiar con esa culpa por sí mismo para probarle a Dios que él había cambiado y que podía vivir de una manera diferente. Cuando se trataba de confesar su pecado o rendir cuentas, ¡ni hablar! Él no se atrevía a exponerse por temor a ser juzgado y a afectar la imagen que otros tenían de él.

Cada vez que tropezaba y pecaba contra Dios, su corazón anhelaba con desesperación algún retiro espiritual o «ministración» que aliviara su carga. Moisés trataba de acumular días de «victoria» para calmar la ansiedad que producía el volverle a fallar a Dios. Ahí estaba él, atado todavía con los grilletes que Cristo ya había roto de una vez por todas en la cruz.

A Betsy la consumía una necesidad agotadora que la obligaba a buscar ganarse el favor de Dios a través de su comportamiento. En lugar de ver a Dios como a su padre, lo veía como un amo exigente. Ella se esforzaba por cumplir con todos los requerimientos espirituales que, a su juicio, Dios «demandaba» para obtener la aprobación y la complacencia divina: orar, ayunar, algún sacrificio personal, leer la Biblia, evangelizar, servir y participar fielmente en todas las actividades de la iglesia.

Cuando ella «sentía» que estaba haciendo las cosas bien, pensaba que contaba con la aprobación de Dios en su vida. Pero cuando fallaba a ese estándar sumamente alto que creía que Dios le había impuesto, ella sentía que caía en un espiral descendente y oscuro lejos de la presencia de Dios. Eso le generaba mucha angustia porque entendía que no tenía ningún mérito para presentarse delante de Él.

Finalmente, sus temores la llevaban al punto de dudar de si en realidad era una hija de Dios. Ella terminaba conformándose con la idea de un Dios que no era más que un amo demandante, en lugar de abrazar a su Padre amoroso que la había hecho parte de Su familia para siempre al pagar un precio enorme a través de Jesucristo.

¿Te das cuenta del gran riesgo que enfrentamos cuando desconocemos los beneficios que gozamos como hijos de Dios? Ese desconocimiento cambió radicalmente cuando nos

EL EVANGELIO ES NUESTRA CARTA DE PRESENTACIÓN Y TAMBIÉN NUESTRO DOCUMENTO DE IDENTIDAD.

abocamos a profundizar en las Escrituras y descubrimos el enorme amor del Padre al hacernos Sus hijos en Cristo. Solo lee por un momento las siguientes palabras de Pablo:

«Pues no habéis recibido un espíritu de esclavitud para volver otra vez al temor, sino que habéis recibido el espíritu de adopción como hijos, por el cual clamamos: ¡Abba, Padre!» (Rom. 8:15, LBLA).

¿Puedes verlo? Conocer las implicaciones de la obra de Cristo a nuestro favor cambió radicalmente la manera en que vivíamos. Por eso es que las buenas nuevas de salvación no solo son la puerta de entrada a la vida cristiana. El evangelio es nuestra carta de presentación y también nuestro documento de identidad. La obra de Cristo en nuestro lugar nos permite ver claramente quiénes somos y cómo estamos llamados a vivir.

Al igual que esos niños que habían sido insertados en una nueva familia y requieren de tiempo para asimilar la realidad de su vida nueva, así también nos tomará posiblemente toda la vida comprender plenamente lo que significa que Dios nos haya adoptado como hijos en Su familia. Nunca comprenderemos lo suficiente porque mientras más profundicemos en la revelación de Dios, más notaremos que nuestros pies solo llegan a la orilla del inmenso mar del amor de Dios en el que navegaremos por el resto de nuestras vidas.

Por eso no es una coincidencia que el apóstol Pablo persistía en orar y animar a los creyentes a crecer en el conocimiento de las buenas nuevas del amor de Dios.

«Por esta causa, pues, doblo mis rodillas ante el Padre de nuestro Señor Jesucristo, de quien recibe nombre toda familia en el cielo y en la tierra, que os conceda, conforme a las riquezas de su gloria, ser fortalecidos con poder por su Espíritu en el hombre interior; de manera que Cristo more por la fe en vuestros corazones; y que arraigados y cimentados en amor, seáis capaces de comprender con todos los santos cuál es la anchura, la longitud, la altura y la profundidad, y de conocer el amor de Cristo que sobrepasa el conocimiento, para que seáis llenos hasta la medida de toda la plenitud de Dios». (Ef. 3:14-19, LBLA).

El apóstol nos anima a hacer uso de las riquezas ilimitadas que se encuentran en la vida y el poder de Cristo e insiste en la importancia de plantarnos y de echar raíces en Su amor. El Señor nos llama a crecer en el entendimiento de todas las dimensiones de la manifestación del amor de Dios en la vida, la muerte y la resurrección de Cristo con el fin de que experimentemos una vida extraordinaria: la plenitud de Dios en nosotros.

¿Nos sigues? Este tipo de amor divino no es un mero impulso emocional, es la entrega sacrificial y la victoria absoluta de Dios mismo. Este amor es el evangelio y todo lo que Cristo ofrece a través de Su obra redentora a nuestro favor. John Stott lo expresa como «un amor que es lo suficientemente "largo" para durar por toda la eternidad, lo suficientemente "profundo" para alcanzar al peor de los pecadores y lo suficientemente "alto" para exaltarle al cielo».[1]

Podrías preguntarte en este mismo momento: ¿qué encuentro en lo ancho, lo largo, lo alto y lo profundo del amor de Dios? ¡La buena noticia del evangelio! Allí está contenido todo lo que necesitamos para vivir plenamente, pero no solos, sino dentro de la familia de Dios. Eso fue lo que no pudimos responder en aquella reunión memorable cuando el pastor pidió una definición del evangelio. En la medida en la que nuestros corazones se marinaban en las diferentes dimensiones del evangelio, nosotros fuimos entendiendo cada vez más a quién pertenecíamos y cuál era nuestra verdadera identidad en Cristo.

Esa verdad liberadora logró que Moisés dejara de cargar con la culpabilidad que lo atormentaba. Creyó que Cristo había clavado cada uno de sus pecados en la cruz y había pagado por ellos de una vez y para siempre. ¡Para Moisés ya no había condenación! (Rom. 8:1). Era tal su convicción de la verdad del evangelio, que esa era la única opinión que le importaba. Betsy fue libre de la trampa del desempeño perfecto para agradar a Dios. Ella entendió que Cristo vivió una vida perfecta en su lugar y ahora el Padre la mira con agrado porque la ve vestida

---

[1] John R. W. Stott, *God's New Society: The Message of Ephesians*, The Bible Speaks Today (Downers Grove, IL: InterVarsity Press, 1979), 137.

EL EVANGELIO ES LA BUENA NOTICIA DE QUE DIOS, POR SU GRACIA, DECIDIÓ SALVAR A LOS PECADORES POR MEDIO DE LA OBRA DE CRISTO.

de la justicia de Cristo y sus buenas obras, Dios las preparó de antemano para que ella las siguiera (Ef. 2:10)... ¡todos los días!

Esas convicciones no sucedieron al mismo ritmo en ambos. En ocasiones, Moisés llegaba a la casa emocionado a compartir una verdad de la gracia de Dios que había revolucionado su entendimiento, pero que a Betsy le tomaba más tiempo procesar. Pronto descubrimos que no se trataba una carrera de velocidad. Cada uno iba a su paso mientras el Buen Pastor nos iba guiando amorosamente. No negamos que nos costó ser pacientes el uno con el otro mientras esperábamos que el Espíritu Santo iluminara nuestros corazones con Su verdad. Cada avance era un motivo de gozo, cada descubrimiento era una celebración que compartíamos juntos y con otros que compartían nuestras búsquedas. Esos son los efectos que el evangelio produce cuando captura el corazón. Esto es lo que deseamos que tú experimentes en la medida en la que te expones a las buenas nuevas.

Ahora, si en lugar de estar leyendo este libro, estuvieras sentado en la sala de nuestro hogar y te preguntáramos: ¿qué es el evangelio? ¿Podrías articular una respuesta con claridad? ¿Qué tal si lo hacemos juntos? Pero primero, a modo de recordatorio, permítenos compartir contigo algunas de las verdades bíblicas que nos cautivaron y que nos servirán para construir una definición concreta (te animamos a que tomes el tiempo necesario para meditar en los versículos que acompañan cada declaración porque la Palabra de Dios es la que transformará tu entendimiento).

- Dios es el protagonista de la historia. Él formó al ser humano a Su imagen y semejanza y le proveyó todo lo que necesitaban para vivir en completa armonía con Él y el uno con el otro (Gén. 1–2).
- Todos hemos pecado en Adán (Gén. 3; Rom. 3:23).

- La paga del pecado es separación espiritual de Dios y muerte eterna (Rom. 6:23; Sant. 1:15).

- El pecado afectó todas las áreas de la creación y de la humanidad, incluyendo nuestra capacidad de hacer las paces con Dios por nuestros propios medios (Sal. 14:1-3; 53:1-3; Jer. 17:9; Rom. 3:10).

- Dios prometió que enviaría la solución al problema del pecado (Gén. 3:15; Heb. 2:14,15).

- Dios escogió a un pueblo y le prometió que de su descendencia vendría el Salvador. También les proveyó leyes para que esta nación viviera como una nación diferente, pero el pueblo fue incapaz de obedecerlas (Gén. 12:1-3; Deut. 4:6-8; Neh. 9:13-16; 1 Tim. 1:8).

- Ante la incapacidad intrínseca del ser humano para obedecer la ley de Dios, Él prometió un cambio de corazón y de espíritu para que pueda obedecerle (Ez. 36:24-27; Jer. 32:39; Juan 3:3-5).

- Dios cumplió Su promesa con puntualidad y proveyó un mejor Adán, quien es el único medio para salvarnos: Su Hijo Jesucristo (Juan 3:16; 14:6; Hech. 4:12; 1 Tim. 2:5; 1 Cor. 15:45-46).

- Cristo descendió a este mundo y vivió una vida perfecta. Él hizo lo que ningún hombre pudo hacer: cumplió con el estándar moral de Dios (Mat. 5:17; 1 Ped. 3:18).

- Él fue a la cruz a morir en nuestro lugar y recibió toda la ira de Dios que pesaba sobre nuestros hombros (Isa. 53:4-5; Rom. 3:25; Heb. 2:17; 1 Jn. 2:2)

- Cristo resucitó, venció la muerte y el poder del pecado (2 Tim. 1:10; 1 Tes. 4:14; 1 Cor. 15:17; 2 Cor. 4:14).

- Dios ofrece salvación a todo aquel que se arrepienta de sus pecados y deposita su fe en la vida, muerte y resurrección de Cristo (Rom. 10:9-13; Mar. 1:15).

- El regalo de la salvación es solo por gracia, ningún mérito humano podrá obtenerla (Tito 3:5; Ef. 2:8-9).

- El creyente es bautizado por El Espíritu Santo al momento del nuevo nacimiento, siendo Él la garantía de la salvación de los que creen (2 Cor. 1:22; 5:5; Ef. 1:13-14).

- Al creyente se le otorga todo lo que necesita para agradar a Dios y para crecer a la imagen de Cristo (1 Cor. 1:30-31; 1 Ped. 1:3-4).

- Dios prometió restaurar todas las cosas y regresar por Su pueblo para morar con él por toda la eternidad (Heb. 1:10-11; 3:21; Apoc. 22:12,20).

- La salvación es obra de Dios de principio a fin y solo Él es digno de toda la gloria (Rom. 11:36; 1 Tim. 1:17).

Esta lista podría ser interminable, ¡hay tantas verdades que se desprenden de la buena noticia del evangelio! Estas son solo algunas de las verdades que Dios usó para ayudarnos a entender que el mensaje central de toda la Escritura es la buena nueva de salvación. En la medida en la que nos exponíamos a la Escritura, nuestros corazones asimilaban cuál era nuestra verdadera identidad. La Palabra de Dios no solo informaba nuestras mentes, también cautivaba nuestros corazones y transformaba nuestro caminar.

Entonces a la luz de las declaraciones anteriores, intentemos resumir en una definición la buena noticia que nos cambió por completo.

El evangelio es la buena noticia de que siendo pecadores, Dios mostró Su amor por medio de Cristo, quien al venir a este mundo se hizo como nosotros, vivió una vida perfecta y sin pecado, cargó con nuestros pecados al morir en la cruz en nuestro lugar y resucitó, declarando justos a los que depositan su fe en Él, para así librarnos de la ira de Dios y del castigo eterno. Él nos salvó solo por gracia y nos adoptó como Sus hijos con el fin de que nos deleitáramos en Él por siempre.

En palabras más simples, el evangelio es la buena noticia de que Dios, por Su gracia, decidió salvar a los pecadores por medio de la obra de Cristo.

Esta es la verdad más importante acerca de nuestra identidad. Es lo que define cuál es nuestro pasado, presente y futuro. El evangelio no solo cambia nuestro destino eterno, también impacta cada momento de nuestras vidas, garantizando la victoria contra el pecado. Por eso, más que simplemente saber cómo articular una definición, necesitamos conocer cómo las buenas nuevas se conectan con nuestra vida diaria y cómo lo cambian todo.

REFLEXIONA

- ¿Cuál es el riesgo que tomamos cuando no conocemos los beneficios de ser llamados hijos de Dios?

- ¿Por qué crees que Pablo oraba y animaba a los creyentes en Efesios 3:14-19 a conocer el amor de Cristo?

- ¿Por qué es importante conocer, entender y recordar el evangelio?
  Define el evangelio en tus propias palabras.

EL EVANGELIO LO CAMBIÓ TODO

4

SEGUNDA PARTE

Estábamos frente a una mina de oro. Mientras más cavábamos en la Escritura, más nos enriquecíamos con los tesoros que íbamos encontrando. Las gloriosas verdades del evangelio capturaban nuestros corazones y moldeaban nuestras vidas. No podíamos permanecer inertes al conocer todo lo que Cristo logró por nosotros. Estas verdades no solo cambiaron nuestro estado eterno, sino que también transformaron nuestro presente y nuestra identidad. Era glorioso conocer los beneficios que recibimos al creer las buenas nuevas y cómo la obra perfecta de Cristo afectaba aun los aspectos más simples de nuestros días.

Por primera vez comprendimos el significado y las implicaciones de conceptos y palabras que habíamos leído en la Biblia, que eran parte de nuestro vocabulario, pero que definitivamente no entendíamos a cabalidad. Conceptos como «salvación», «redención» (¿te suenan familiares, verdad?), «expiación», «justificación», «propiciación», entre otros... dejaron de ser simples muletillas para tratar de lucir espirituales al hablar, y se convirtieron en la fuente para nuestras convicciones y la realidad evidente de nuestra identidad. Cuando creímos por fe en la obra inmerecida de Cristo a nuestro favor, todos esos tesoros del evangelio que contenían nuestros nombres nos fueron aplicados por gracia y todo cambió.

Betsy fue libre de su inseguridad acerca de la salvación. Ella dejó de pensar que cada llamado de «conversión» era una oportunidad que no debía dejar pasar para poder resguardar en sus fuerzas su relación con Dios. Ya no necesitaba asegurar una y otra vez y por todos los medios posibles su entrada al reino de los cielos. Ella ahora había entendido realmente la seguridad que brinda la obra completa y definitiva de Cristo. Su corazón descansó cuando compartió la convicción del apóstol Pablo cuando dijo con absoluta convicción dirigida por el Espíritu Santo: «porque estoy convencido de que ni la muerte, ni la vida, ni ángeles, ni principados, ni lo presente, ni lo por venir, ni los poderes ni lo alto, ni lo profundo, ni ninguna otra cosa creada nos podrá separar del amor de Dios que es en Cristo Jesús Señor nuestro» (Rom. 8:38-39). ¡Qué gran alivio! Moisés dejó de afanarse por construir su «reino personal» basado en sus logros ministeriales. Él entendió que no era el «arquitecto de sus sueños» como había aprendido y fue libre del activismo que desarrollaba frenéticamente para poder sostener su identidad. Todo cambió cuando entendió que lo que Cristo había hecho por él era suficiente y que Dios, el Arquitecto Supremo, había preparado de antemano las obras que su siervo llevaría a cabo para Su gloria (Ef. 2:10).

Él había llegado a conocer la libertad de responder al mandamiento de Jesucristo de negarse a sí mismo, seguir el ejemplo del Señor y entregar su vida para la edificación del reino de Dios, para la gloria de Dios. No se trataba de un camino al estrellato y la popularidad, sino de tomar la cruz y mantenerse firme en lo que Pablo había señalado con tanta claridad, «con Cristo he sido crucificado, y ya no soy yo el que vive, sino que Cristo vive en mí; y la vida que ahora vivo en la carne, la vivo por fe en el Hijo de Dios, el cual me amó y se entregó a sí mismo por mí» (Gál. 2:20).

¡Nos estábamos perdiendo de tanto por pura ignorancia! Por eso es que antes vivíamos en un sube y baja espiritual, en lugar de basar nuestra identidad en la verdad inmutable que Dios había revelado a nuestro favor en Su Palabra por medio de la obra de Cristo. Por el contrario, nosotros nos dejábamos guiar por nuestras emociones y las tendencias religiosas cristianas de moda.

Nuestra vida cristiana estaba más dominada por el deber que por el gozo de ser llamados hijos de Dios. Era evidente que nuestro discurso era uno que siempre resaltaba el «gozo» y la «victoria» porque no queríamos que piensen que nunca experimentábamos gozo, pero la verdad es que no era duradero porque el gozo basado en nuestro desempeño y que depende del esfuerzo humano es frágil y temporal. Nos conformábamos con tan poco teniendo tanto a nuestra disposición.

Estábamos encerrados, siempre buscando una nueva «experiencia» que confirme nuestra espiritualidad, mientras ignorábamos que la Biblia tenía todo lo que necesitábamos en Cristo para estar firmes en Él. Las puertas se abrieron cuando abrimos de par en par las Escrituras y comprendimos que ese no era nuestro lugar. La ruta de escape ante el error siempre será la Palabra de Dios. Ese fue el camino que nos llevó a experimentar un gozo indestructible porque «la alegría del SEÑOR es vuestra fortaleza» (Neh. 8:10, LBLA).

¿Recuerdas que te dijimos que antes buscábamos mucho el ser testigos de las manifestaciones visibles del poder de Dios? Bueno, cuando fuimos a la Palabra de Dios nos detuvimos para presenciar con detalle el más grandioso de todos los milagros: la salvación por gracia en Jesucristo.

Habíamos pasado por encima de ese concepto tantas veces, pero lo llegamos a apreciar como nunca antes al detenernos a reflexionar en lo que tiene que suceder para que un muerto obtenga un nuevo corazón y vuelva a la vida. ¿Dinos si el hecho de que el Espíritu de Dios more dentro del ser humano otorgándole libertad del pecado, de la culpa y la condenación eterna no es una obra portentosa?

Nos perdíamos en los laureles buscando evidencias sobrenaturales del obrar de Dios, pero no nos habíamos detenido a meditar en el mayor y más grande milagro de todos: la salvación que hemos recibido en Cristo. Pablo lo describe de la siguiente manera: «porque por gracia habéis sido salvados por medio de la fe, y esto no de vosotros, sino que es don de Dios; no por obras, para que nadie se gloríe» (Ef. 2:8-9, LBLA).

Por tanto tiempo pensamos que nuestro desempeño era parte esencial en la fórmula de nuestra salvación, pero fue a través de ese pasaje tan conocido que comprendimos que se trata de una obra de Dios de principio a fin y que Él la otorga soberanamente solo por Su gracia. Esa gracia es «el favor inmerecido de Dios, dado a conocer a través de Jesucristo,

LA RUTA DE ESCAPE ANTE EL ERROR SIEMPRE SERÁ LA PALABRA DE DIOS.

y expresado de manera suprema en la redención y el perdón total de los pecadores a través de la fe en Jesucristo»[1].

El entender que este fue un regalo que recibimos sin merecerlo nos desplazó del centro de nuestra espiritualidad porque al final de cuentas Él nos salvó para Su propia gloria porque simplemente así lo quiso; y si algo aportamos a esta ecuación es solo nuestro pecado.

¡Cuánta libertad experimentamos cuando entendimos que Dios sostiene y garantiza nuestra salvación! Cuánto consuelo se encuentra en las palabras de Jesús cuando nos aseguró que somos Sus ovejas y que nadie nos puede arrebatar de Sus manos.

«Mis ovejas oyen Mi voz; Yo las conozco y me siguen. Yo les doy vida eterna y jamás perecerán, y nadie las arrebatará de Mi mano. Mi Padre que me las dio es mayor que todos, y nadie las puede arrebatar de la mano del Padre» (Juan 10:27-29).

Descubrir toda esta verdad y creerla de corazón ahuyentó las dudas que nos perseguían con respecto a la salvación. El saber que éramos sostenidos hasta el fin por la misma mano que creó el universo nos llenó de una profunda esperanza. Ya nada en este mundo podría amedrentarnos porque el mayor de nuestros problemas —la separación eterna de Dios— había sido resuelto de una vez y para siempre.

Imagínalo por un segundo: ninguna mala noticia, catástrofe, enfermedad o aun la misma muerte podría ser peor que el horrible castigo por nuestro pecado, pero ¡de esa condena ya Dios nos ha salvado para siempre! Por lo tanto, todo toma una perspectiva distinta, porque a la luz de la eternidad que tenemos asegurada en Cristo, cualquier problema terrenal comienza a lucir más pequeño.

Nada de lo que nos suceda en este mundo pasajero cambiará la verdad de que somos salvos por toda la eternidad. ¿Ves cómo esa verdad transforma la forma en que enfrentamos la vida? Pablo lo explica de la siguiente manera: «Pues tengo por cierto que las aflicciones del tiempo

---

[1] Martin H. Manser, *Dictionary of Bible Themes: The Accessible and Comprehensive Tool for Topical Studies* (Londres: Martin Manser, 2009).

presente no son comparables con la gloria venidera que en nosotros ha de manifestarse» (Rom. 8:18, RVR1960).

Otro concepto que era familiar para nosotros era la palabra «redención». Era una palabra que usábamos mucho y que formaba parte de nuestro vocabulario y nuestras canciones. Solíamos decir tan a menudo: «soy redimido por la sangre de Jesús», y aunque esa declaración es cierta, no pasábamos de un entendimiento superficial de la palabra y, por ejemplo, no podíamos diferenciarla del significado de la salvación. Al acercarnos a la Escritura para mirar con mayor profundidad el concepto de la redención, descubrimos, en primer lugar, que esta palabra significa «rescatar o sacar de esclavitud al cautivo mediante precio» (RAE). En segundo lugar, descubrimos que necesitamos de la redención de Dios porque nuestra deuda con Él era infinita y por eso nos encontrábamos en un estado de esclavitud espiritual producto del pecado (Juan 8:34). Éramos esclavos sin esperanza porque no teníamos lo que se requería para alcanzar nuestra liberación. Se requería de una obediencia perfecta, se necesitaba el derramamiento de la sangre, el intercambio de una vida por otra porque «la paga del pecado es muerte» (Rom. 6:23).

Cristo nos liberó y sacó de la esclavitud. Él nos redimió cuando pagó el precio de nuestra libertad y expió nuestros pecados al pagar con Su propia vida en la cruz del Calvario. Su sangre fue el precio pagado por nuestra liberación, Su vida fue dada por nuestro rescate. Pablo nos dice que en Cristo «tenemos redención por su sangre, el perdón de pecados según las riquezas de su gracia» (Ef. 1:7, RVR1960) Por favor, ¡no leas estas líneas con ligereza! Esto es algo grandioso, Dios encarnado murió en rescate de los pecadores.

Cuando decimos: «soy redimido por la sangre de Cristo», estamos afirmando dos grandes verdades: (1) éramos esclavos del pecado y (2) Cristo pagó por nuestra libertad (redención) con el sacrificio de Su vida (expiación). Es probable que esta segunda palabra también la usemos mucho, pero poco sepamos de su significado. Expiar significa borrar la culpa por medio de un sacrificio a nuestro favor.

Nos encantaría responderte si en este momento nos preguntaras: «¿y entonces cómo esto cambió sus vidas?». ¿Recuerdas que te contamos que a causa de nuestro entendimiento deficiente de la obra de Cristo no experimentábamos una victoria sostenida contra el pecado? Tener un conocimiento deficiente, incompleto o equivocado de algo puede traer graves consecuencias. Si, por ejemplo, no he leído bien el manual para el uso de un dispositivo tecnológico o cualquier electrodoméstico, lo más probable es que no obtenga todos sus beneficios o, en el peor de los casos, que sufra un accidente.

Lo mismo sucede cuando tenemos un conocimiento bíblico incompleto o deficiente. Eso es exactamente lo que les pasó a los religiosos del tiempo de Jesús y por eso les dijo que ellos se equivocaban porque ignoraban las Escrituras y el poder de Dios (Mar. 12:24). Ahora puedes entender por qué todo cayó en su lugar al comprender bien estas verdades. Comenzamos a mirar el pecado en su justa dimensión porque lo vimos tal como el Señor lo percibe y lo revela en la Biblia. Ahora cuando somos tentados podemos ver la gravedad y la seriedad del pecado con más claridad, pero también confiamos en la victoria de nuestro redentor Jesucristo al liberarnos para siempre del dominio del pecado. Cuando creemos esa verdad por la fe, entonces podemos caminar en la libertad que Cristo compró para nosotros y también en Él encontramos el poder para rechazar el pecado.

¿Te ha pasado que estás tan familiarizado con un concepto que llegas a un punto en el que deja de interesarte su significado? Nosotros creemos que sí porque nuestro lenguaje evangélico estaba saturado de palabras con grandes implicaciones teológicas, pero estábamos tan familiarizados con ellas que dejamos de prestar atención al impacto real que debían causar en nuestras vidas. Sin embargo, el acercarnos con un corazón rendido a la autoridad de la Escritura nos otorgó nuevos ojos bajo la dirección del Espíritu Santo para apreciar los colores de esas verdades bíblicas que antes lucían tan pálidas (Juan 16:13).

¿Recuerdas cómo Betsy confesó que en ocasiones veía a Dios como un Señor demandante? Parte de esa comprensión ineficiente surgía porque, aunque ella sabía que Dios la amaba, le aterrorizaba Su ira. Siempre tenía muy presente la frase «Dios es amor, pero también es fuego consumidor». Ella temía que cualquier falla en su comportamiento la hiciera merecedora de la ira de Dios y por eso no experimentaba una relación plena con Dios. Ella había imaginado una barrera invisible que la mantenía lejos si las cosas no iban como ella pensaba que le agradaba a Dios.

Esta fue una de las áreas en nuestras vidas en las que experimentamos una gran libertad al crecer en nuestro entendimiento de las buenas noticias. Fue como si Dios mismo nos dijera: no estoy airado contigo, en la persona de Cristo solo eres objeto de mi amor. ¡Increíble! Las palabras no son suficientes para explicarte el alivio que nos produjo conocer bien y creer esa verdad con todo el corazón.

Sí sabíamos que a Dios le airaba el pecado y cuando fallábamos sentíamos un pesar en nuestros corazones con solo pensar que habíamos provocado Su ira. Sin embargo, la misma Palabra de Dios nos enseñó un cuadro distinto. Juan el Bautista, en una conversación con sus discípulos, dijo que los que creen en Jesús tienen la vida, pero los que le rechazan cargan sobre sí mismos la ira de Dios (Juan 3:36). El salmista David también lo afirmó:

Dios es juez justo, y un Dios que se indigna cada día contra el impío. Y si el impío no se arrepiente, Él afilará su espada; tensado y preparado está su arco. (Sal. 7:11-12, LBLA)

La ira de Dios es atroz porque Él es justo y juzgará a todo el que le ha ofendido. El pecado del ser humano es una ofensa infinita contra un Dios infinitamente santo. Pero observa este detalle, Su ira está dirigida exclusivamente a los que no se arrepienten y rechazan el evangelio. La buena noticia del evangelio nos recuerda que Cristo se interpuso y tomó el castigo justo que nosotros merecíamos. Su muerte sustitutoria en nuestro lugar aplacó la ira de Dios. Ese aplacamiento o apaciguamiento de la ira de Dios es el significado exacto de la palabra «propiciación» que seguramente tanto habíamos escuchado y repetido.

Somos libres de la ira de Dios porque Cristo soportó todo su impacto en la cruz. El apóstol Juan lo explica de la siguiente manera: «en esto consiste el amor: no en que nosotros hayamos amado a Dios, sino en que Él nos amó a nosotros y envió a Su Hijo como **propiciación** por nuestros pecados» (1 Jn. 4:10).

Dios nos amó cuando éramos realmente Sus enemigos y no le estábamos buscando. Él nos atrajo a sí mismo y se aseguró de que nada nos apartara de Su amor. Cristo vino para propiciar Su ira contra nosotros a través de Su obra redentora y sustitutoria a nuestro favor.

Entender la realidad de la salvación de forma completa tal como la Palabra la presenta transformó radicalmente nuestras vidas. Ahora podemos disfrutar con plenitud del amor de Dios porque —en lugar de barreras invisibles que nosotros mismos creábamos en nuestra comprensión incompleta del evangelio— encontramos paz en Su regazo. Ahora sabemos que podemos entrar al trono de Dios con la confianza de un niño amado por su padre (Heb. 4:14-16). Somos libres del pensamiento que nos atormentaba y nos hacía creer que Dios estaba airado con nosotros cuando la ira de Dios fue completamente eliminada en Cristo. Podemos arrepentirnos, abandonar el pecado y correr con confianza a Sus brazos. ¿No es eso extraordinario?

Estas verdades eran tesoros bíblicos que cambiaron nuestros corazones para siempre. Todas estas dimensiones del evangelio brillaban como cuando la luz atraviesa los diferentes lados de un prisma. Todo está interconectado. Cada aspecto de la obra de Cristo nos señala beneficios distintos del privilegio de ser redimidos para ser parte de la familia de Dios.

Mientras más cavábamos en la mina de la Palabra de Dios, más nos deslumbrábamos con sus tesoros. Sin embargo, entre todas que ya son maravillosas, hubo una verdad en específico que hizo explotar nuestras mentes y todavía al día de hoy sigue impactando la manera en que vivimos cada día: el milagro de la justificación.

Al igual que con todas las verdades anteriores, para nosotros era normal declarar que Cristo era

MIENTRAS MÁS CAVÁBAMOS EN LA MINA DE LA PALABRA DE DIOS, MÁS NOS DESLUMBRÁBAMOS CON SUS TESOROS.

el justo y que nosotros éramos justificados en Él. Pero, sinceramente, no sabíamos conectar los puntos entre ese concepto y la vida real. Aunque decíamos creer que éramos justos, cuando nos mirábamos al espejo no podíamos conciliar nuestro reflejo con esa declaración. De hecho, «justos» era lo que menos nos describía a la hora de presentarnos delante de Dios. En lugar de mirar al Señor, siempre terminábamos mirando hacia adentro y teníamos que finalmente reconocer que nos quedábamos cortos y que nuestra obediencia nunca era suficiente para agradar a Dios.

Esa profunda inseguridad permaneció hasta el día que la Palabra de Dios nos mostró el glorioso intercambio que se dio en la cruz. ¡Nuestros corazones aún no dejan de asombrarse ante ese regalo inmerecido que recibimos en Cristo!

Permítenos explicártelo de forma sencilla. En el momento en que depositamos nuestra fe en Cristo para salvación, Él tomó nuestra vestidura manchada por el pecado y nuestro récord de faltas condenatorio (por no haber podido llenar el estándar de santidad demandado por Dios y por haber incumplido Su ley). ¿Sabes lo que hizo? Él intercambió nuestra injusticia por la justicia perfecta de Cristo. Él nunca pecó y cumplió la voluntad de Dios al obedecer de forma perfecta desde Su nacimiento hasta Su muerte. ¿Te imaginas ese cuadro? Sin importar lo que nos mostrara el espejo, la realidad es que somos pecadores perdonados vestidos con la obediencia perfecta de Cristo.

Lo que no había hecho *clic* en nuestra mente era que Cristo no nos dio Su vestidura de justicia como un traje que podemos ponernos y quitarnos. Él nos vistió con Su justicia perfecta y nos declaró justos para siempre. De manera que Dios mira la perfección de Su Hijo cada vez que nos ve. Detente un segundo para procesarlo. Él se agrada al vernos porque estamos escondidos en la perfección de Cristo. Léelo otra vez si es necesario, pídele a Dios que te haga entender por el Espíritu Santo y cautive tu corazón con esta verdad. No ceses de meditar en esto hasta que Él te llene de asombro y gratitud.

Ahora nuestra identidad no se alimenta de nuestras obras imperfectas, ahora nuestro desempeño no define la forma en la que Dios nos evalúa. Ya hemos sido declarados justos. ¿Nos sigues? Pablo lo expresa de la siguiente manera:

«Por tanto, habiendo sido justificados por la fe, tenemos paz para con Dios por medio de nuestro Señor Jesucristo, por medio de quien también hemos obtenido entrada por la fe a esta gracia en la cual estamos firmes, y nos gloriamos en la esperanza de la gloria de Dios» (Rom. 5:1-2)

Esta no es una mera declaración teológica, este es el fundamento de una vida plena que descansa en el desempeño de Cristo y que en lugar de mirar hacia adentro buscando seguridad, torna su mirada al único Justo y se apoya en Sus méritos y Su obra perfecta. ¡Cuánta libertad!

¿Recuerdas que te dijimos que mientras más cavábamos, más tesoros encontrábamos? Bueno, sigamos excavando juntos, toma una pala mientras desenterramos unos cuantos beneficios bíblicos más.

Cuando descubrimos que todo lo que habíamos recibido en Cristo daba como resultado nuestra santificación, se nos abrió un mundo nuevo. Bien, ahora te explicamos. Por mucho tiempo pensamos que la santificación era algo que nosotros adquirimos en la medida en la que nos alejábamos de las cosas del mundo. Para Betsy ser santa era dejar de contaminarse con las cosas seculares y, por ejemplo, vestir de una forma que sea identificable como evangélica. Para ella «vivir en santidad» era importante porque recordaba el versículo que decía que sin santidad nadie vería a Dios (Heb. 12:14).

En el caso de Moisés, que estaba muy involucrado en ministerios de «guerra espiritual», él veía la santidad como un requisito para recibir autoridad de Dios para reprender demonios. Él pensaba que esa santidad se la ganaba apartándose y proclamando su aborrecimiento del pecado. Es importante aclarar que apartarse del pecado y ser diferentes al mundo son aspectos esenciales en la vida cristiana, el problema, sin embargo, radicaba en que veíamos las cosas al revés. El error consistía en vernos a nosotros mismos como los autores y únicos gestores de nuestra propia santidad.

Bastó con acercarnos a la Palabra de Dios para que quedara expuesto nuestro error y se nos mostrara la verdad liberadora. Por primera vez descubrimos que la santidad no era el resultado de ningún esfuerzo humano. Encontramos las respuestas a las preguntas que siempre nos hacíamos y nos atormentaban: «¿soy lo suficientemente santo para ver a Dios cara a cara? ¿Puedo producir una vida santa como Dios es santo? ¿Cómo estoy seguro de que la santidad que he acumulado será suficiente para ver a Dios?». Es imposible alcanzar el estándar de santidad que nos permitirá ver a Dios cara a cara porque somos pecadores. Ni las buenas obras, ni nuestra manera de vestir, ni lo que comemos o dejamos de comer, ¡nada nos permitirá llegar al estándar de santidad de Dios! Solo seremos santos si somos vestidos de la santidad de Cristo. Eso fue exactamente lo que sucedió al momento de depositar nuestra fe en Cristo. Al igual que la justificación, Dios nos declaró santos desde el momento de nuestro nuevo nacimiento (1 Cor. 6:11). Eso quiere decir que nos apartó para Él y nos ve a través de la santidad de Cristo. Presta atención a las palabras de Pablo una vez más:

«Pero ahora, habiendo sido libertados del pecado y hechos siervos de Dios, tienen por su fruto la santificación, y como resultado la vida eterna» (Rom. 6:22)

Aquí es donde tenemos que detenernos. Aun en nuestros puntos más bajos, Dios no deja de mirar la santidad de Su Hijo en nosotros. Esa verdad revoluciona radicalmente nuestra relación con el pecado. Ahora comprendemos que no se trata de rechazar el pecado para obtener por uno mismo santidad. Lo que la Biblia afirma y creemos es que hemos sido apartados por Dios y ahora le pertenecemos. Por la fe creemos que en Cristo tenemos el poder dado por el Espíritu Santo para rechazar el pecado y vivir a la luz de la santidad que hemos obtenido en Cristo. ¿puedes notar la diferencia?

Esa verdad trajo descanso a Betsy cuando comprendió que esa santidad con la que ella vería a Dios le fue dada desde el día en que ella creyó en Cristo como Señor y Salvador. Estas eran las respuestas a nuestras preguntas: los que verán a Dios cara a cara son aquellos que solo Él ha santificado. El autor de la santidad es Dios y en lugar de cansarnos tratando de «producirla», comprendimos que nuestro llamado era crecer en la santidad que ya habíamos recibido.

Debido a que la santidad no es solo una posición obtenida en Cristo, también es un camino que lo recorremos de la mano del Señor. Dios nos ha santificado en Cristo y nos llama a crecer en santidad bajo la asistencia de Su Espíritu. ¿No es eso asombroso? Él nos ha llamado a esforzarnos a vivir de acuerdo con lo que ya somos, «santificados en Cristo Jesús, llamados a ser santos» (1 Cor. 1:2). Lo mejor de todo es que Él ha prometido que nos hará crecer a la «medida de la estatura de la plenitud de Cristo» (Ef. 4:13). ¡Ese es el ánimo que nos llena el tanque cuando sentimos que se nos acaban las fuerzas para seguir batallando contra el pecado!

Bueno, ahora respira profundo. Todo lo que hemos compartido contigo hasta este momento puede ser abrumador, así que siéntete en la libertad de parar la lectura para reflexionar de nuevo en lo que has ido leyendo o responder en oración, alabanza o contrición a cualquier convicción que Dios esté trayendo a tu corazón en estos momentos.

Dios pudo habernos salvado, redimido y perdonado. Él pudo haber dejado el balance de nuestra cuenta en cero, sin deudas. También Él pudo habernos justificado y santificado, dándonos así la entrada al cielo, pero fue aún más lejos. Dios nos hizo Sus hijos. Él no solo nos dio todos estos beneficios, sino que nos hizo parte de Su familia, nos dio un lugar en Su mesa y nos hizo herederos de Su reino (Ef. 1:5). ¡Dinos si esto no es una noticia magnífica!

Si estás en Cristo eres hijo de un Padre perfectamente bondadoso, perfectamente responsable y perfectamente fiel. Eres parte de la familia de Dios por la eternidad. Pablo lo resume en estos versículos:

«Pues no habéis recibido un espíritu de esclavitud para volver otra vez al temor, sino que habéis recibido un espíritu de adopción como hijos, por el cual clamamos: ¡Abba, Padre! El Espíritu mismo da testimonio a nuestro espíritu de que somos hijos de Dios, y si hijos, también herederos; herederos de Dios y coherederos con Cristo...» (Rom. 8:15-17, LBLA)

Es indudable que esta verdad lo cambia todo. Cualquier oferta del mundo empalidece cuando creemos que somos Hijos de Dios y que Él nos ha dado un lugar en Su mesa donde encontraremos delicias para siempre (Sal. 16:11).

¿Cuál es la garantía de que todos estos beneficios son tuyos? Cristo no solo vivió una vida perfecta y murió en tu lugar, sino que Él resucitó completando Su obra a tu favor. Nos conmueve como lo dice Wayne Grudem:

«Ya no quedaba penalidad que pagar por el pecado, ya no había que cargar más con la ira de Dios, ya no había más culpa ni deuda que pagar: todo había quedado completamente pagado, y no quedaba ninguna culpa. Dios estaba diciendo mediante la resurrección: "apruebo lo que se ha hecho, y tú eres bien recibido en mi presencia"».[2]

La victoria de Cristo sobre la muerte al resucitar de entre los muertos garantiza que Su obra fue recibida por Dios y que la muerte fue vencida de una vez por todas (Rom. 6:23). Lo mejor de todo es que también Él ha prometido que resucitaremos para reinar con Él eternamente (Juan 11:25-26; Rom. 6:8-11; 1 Cor. 15:13). Esa verdad le da sentido a todo lo que hacemos porque nos ayuda a fijar nuestros corazones en la esperanza futura que nos aguarda porque aun Jesús prometió: «Y si me fuere y os preparare lugar, vendré otra vez, y os tomaré a mí mismo, para que donde yo estoy, vosotros también estéis» (Juan 14:3, RVR1960).

Sabemos que puedes sentirte sobrecargado (así nos sentíamos) y no esperamos que puedas entenderlo todo en una sola leída; sin embargo, te invitamos a que continúes sumergiendo tu corazón en estas verdades.

Han pasado muchos años de ese momento en el que Dios iluminó nuestros corazones con Su Palabra y quisiéramos decirte que, una vez que las comprendimos, fue suficiente para vivir a la luz del evangelio. Pero nadie se gradúa de entender las buenas nuevas. Los humanos somos olvidadizos por naturaleza. La evidencia palpable de esa realidad es el pueblo de Israel, el cual a lo largo de su peregrinaje olvidaba quién era y lo que Dios había hecho a su favor. Por eso el Señor no se cansaba de enviar a Sus siervos los profetas para amonestar y recordarle al pueblo el pacto y las promesas de Dios (Jer. 7:25).

---

[2] Wayne Grudem. *Teología sistemática*, pág. 646.

Por eso te decíamos que el evangelio no es solo la puerta de entrada a la libertad en Cristo, sino que es el fundamento de nuestra identidad y lo que define nuestra realidad como cristianos. A lo largo de estos años, hemos necesitado tener las verdades del evangelio presentes en nuestros corazones ¡todos los días! Esto nos ha servido para reorientar nuestros afectos a la verdad y dejar de ser guiados por conceptos religiosos humanos superficiales o equivocados y por nuestras emociones engañosas.

Quisiéramos dejarte algo que hemos aprendido en nuestro peregrinaje como cristianos. En momentos en los que sentimos que no avanzamos en nuestro caminar con el Señor o cuando nos desanimamos en alguna etapa del camino, ha sido de mucho aliento recordar que Dios inició esta maravillosa obra en nosotros y Él ha prometido que la va a perfeccionar hasta el día en que Cristo regrese por segunda vez (Fil. 1:6).

Conocer los beneficios que el evangelio nos ofrece tiene un impacto directo en nuestras relaciones y en nuestras luchas. Es un destructor de nuestras dudas y una cura para nuestras ansiedades. El evangelio alimenta nuestra esperanza y afirma nuestra identidad. Finalmente, nos invita a vivir rendidos en adoración y obediencia.

El evangelio lo cambió todo desde la raíz y lo seguirá cambiando hasta conformarnos a la imagen de Cristo.

REFLEXIONA

• ¿Cuál beneficio de la obra de Cristo a tu favor llama más tu atención?

• ¿De qué manera el entender ese beneficio cambia tu día a día?

• ¿Cuál es el peligro que corremos al pensar que nuestra posición delante de Dios depende de nuestro desempeño?

• «La buena noticia del evangelio nos recuerda que Cristo se interpuso y tomó el castigo justo que nosotros merecíamos. Su muerte sustitutoria en nuestro lugar aplacó la ira de Dios». ¿Cómo esta verdad cambia tu percepción de cómo Dios te ve?

• ¿De qué manera puedes ser intencional para recordarte el evangelio a ti mismo todos los días?

UN PROCESO IRREVERSIBLE

5

Ya no había vuelta atrás. Dios inició un proceso irreversible en nosotros. Como se los hemos ido compartiendo en los capítulos anteriores, nuestros intereses y afectos fueron primeramente confrontados por la verdad de las Escrituras y luego transformados radicalmente cuando comenzamos a entender y obedecer el evangelio.

Tenemos que confesar que ya no nos interesaban las cosas que antes considerábamos valiosas y hasta espirituales. Mientras más nos acercábamos a la Escritura podíamos apreciar con mayor detalle la grandeza de Dios y más se desmoronaban nuestras ideas erróneas sobre nosotros mismos y de lo que hasta ese punto habíamos «construido» con nuestras propias fuerzas para el reino de Dios.

La Palabra de Dios estaba reemplazando la confusión por la verdad, las tradiciones por convicciones bíblicas y la costumbre religiosa por una devoción auténtica y fructífera. Nos encontrábamos en medio de un avivamiento. Para nosotros el avivamiento era caracterizado por un «mover» de Dios que se manifestaba a través de una «atmósfera» de sanidades, liberaciones y milagros creativos. Pero este era un despertar sustentado en las Escrituras que nunca antes habíamos experimentado.

Por lo que habíamos experimentado en diferentes oportunidades, nosotros habíamos

EL VERDADERO AVIVAMIENTO COMENZÓ EN NUESTRAS VIDAS CUANDO NOS RENDIMOS A LA AUTORIDAD DE LA ESCRITURA.

llegado a pensar que debíamos promover el «fluir» del Espíritu sin cuestionar cuán extraña nos pareciera la supuesta «manifestación de Dios». De hecho, cuando se trataba del avivamiento, llegamos a pensar que el deseo de contrastar esas experiencias con algún tipo de sustento bíblico podría apagar el Espíritu. Todo lo que luciera como un intento de escrutinio bíblico que sustente la experiencia era sinónimo de falta de fe en el poder y el obrar espontáneo de Dios. Ahora todo sucedió al revés. Al leer Hechos de los apóstoles fuimos animados por los hombres a los que el apóstol Pablo elogió porque buscaron asegurarse de que lo que escuchaban de sus enseñanzas estuviera alineado con las Escrituras.

Lucas narra lo que sucedió cuando Pablo y Silas fueron a Berea luego de salir de Tesalónica luego de una revuelta de los judíos que rechazaban las buenas nuevas del evangelio:

«Enseguida los hermanos enviaron de noche a Pablo y a Silas a Berea, los cuales, al llegar, fueron a la sinagoga de los judíos. Estos eran más nobles que los de Tesalónica, pues recibieron la palabra con toda solicitud, escudriñando diariamente las Escrituras, para ver si estas cosas eran así. Por eso muchos de ellos creyeron, así como también un buen número de griegos, hombres y mujeres de distinción» (Hech. 17:10-12).

Los Bereanos fueron diligentes para validar la coherencia y consistencia con la Escritura de lo que el apóstol Pablo enseñaba. Pablo no los reprendió por confirmar sus enseñanzas o por no creer a ciegas en la autoridad de su apostolado, sino que los elogió por la nobleza de su acción. Él miró con agrado que ellos fuesen solícitos para filtrar todo lo que escuchaban y veían a la luz de la Palabra de Dios. En lugar de señalarlo como algo negativo, su elogio demostró que era un ejemplo para todos nosotros porque es una evidencia del obrar de Dios.

El verdadero avivamiento comenzó en nuestras vidas cuando nos rendimos a la autoridad de la Escritura. La manifestación más gloriosa y portentosa del Espíritu Santo fue hacernos entender con claridad las verdades bíblicas (Juan 16:13). El salmista David le pidió muchas veces a Dios que le concediera un avivamiento por Su Palabra. Una de sus oraciones fue: «muchas son, oh Señor, tus misericordias; vivifícame conforme a tus ordenanzas» (Sal. 119:156, LBLA).

Nuestro concepto del avivamiento cambió por completo. Ahora entendíamos que el avivamiento es un despertar producido por el Espíritu Santo que nos lleva a conocer a Dios, Su obra y Su plan por medio de Su Palabra revelada, sacudiendo nuestra conciencia ante la realidad de nuestro pecado, haciendo evidente nuestra necesidad de arrepentimiento y moviéndonos para que corramos a Cristo en busca de Su gracia todos los días.

El resultado del avivamiento son vidas transformadas por la obra de Cristo y que se inclinan a obedecer a Dios por el poder del Espíritu Santo y cuyas almas son movidas por el gozo y la pasión de vivir para Su gloria.

La definición que te acabamos de dar podría sonar un tanto teórica, solo un ejercicio intelectual teológico, pero no fue así. Nosotros lo comprobamos en nuestras propias vidas y vimos el poder de Dios manifestándose en todas las áreas de nuestras vidas. Mientras más contrastábamos nuestras ideas y experiencias con la Biblia, más gozo sentíamos y más experimentábamos la guía del Espíritu a toda verdad. De lo profundo de nuestros corazones brotaba un gozo como «ríos de agua viva» (Juan 7:38).

Un avivamiento nunca acabará con una experiencia privada y, en nuestro caso, tampoco fue una excepción. Nos sentíamos apremiados por compartir estas verdades con todos los que nos rodeaban. Sencillamente no podíamos dejar de compartir las verdades del evangelio con todos los que tuviéramos cerca. Esto es lo mismo que vivieron Pedro y Juan cuando estaban siendo amenazados por las autoridades religiosas y les dijeron con valentía: «nosotros no podemos dejar de decir lo que hemos visto y oído» (Hech. 4:20).

Un amigo que se encontraba en un proceso similar nos recomendó estudiar la Biblia de forma sistemática, es decir, estudiar los temas más importantes de la fe cristiana desde la Escritura. Estábamos tan interesados en seguir construyendo un fundamento bíblico robusto que nos tomamos el asunto en serio y adquirimos un libro de teología sistemática. Esta guía nos condujo por la Escritura y nos llevó a adquirir una imagen más completa sobre Dios y Su plan revelado.

Nosotros empezamos a incorporar lo que íbamos aprendiendo al programa de enseñanza en nuestros grupos pequeños y en las reuniones de jóvenes que dirigíamos. Compartimos estas verdades extraordinarias que nos estaban transformando con nuestros amigos más íntimos. También nos acercamos a nuestros líderes para hacerles partícipes del gozo que experimentábamos y para mostrarles cómo la Escritura había desvirtuado las cosas erradas que habíamos creído y practicado por tanto tiempo.

Era tan hermoso ver cómo Dios abría los ojos de algunos de nuestros amigos amados mientras abríamos las Escrituras juntos. Sin embargo, la respuesta no siempre fue positiva. Muchos nos miraban con preocupación porque entendían que nos estábamos desviando de los fundamentos de nuestra denominación. Algunos nos acusaron de estar influenciados por el supuesto «espíritu de Grecia» porque pensaban que cuestionábamos el fluir del Espíritu por estar inmersos en el estudio de la Biblia. En fin, pensaban que alguien nos había lavado el cerebro.

El «lavado de cerebro» tiene una connotación negativa, pero, en realidad, nuestra mente, más que lavada, estaba siendo renovada por la Palabra de Dios (Rom. 12:2). La reacción positiva o negativa ante el cambio que estábamos experimentando no solo provenía del grupo de amigos cercanos o de nuestros líderes en la iglesia, también provenía de hermanos de otras congregaciones y de las personas que nos seguían en los medios de comunicación.

Quisiéramos decirte que la mayoría de la gente estuvo de acuerdo con lo que nos sucedía, pero no fue así. Recibimos una serie de mensajes por las redes sociales de personas que se escandalizaban de nuestro testimonio porque lo consideraban peligroso.

Con toda sinceridad, tenemos que confesar que nos costaba entender el porqué de esas reacciones negativas. Nos preguntábamos, ¿no es esto lo que todo cristiano debe conocer y vivir? ¿No debería ser la Escritura la fuente y sustento de todas nuestras convicciones? ¿Cuál es la necesidad de aferrarnos a doctrinas heredadas por simple tradición cuando la Palabra las refuta y solo ella debe regir nuestras decisiones? Pero, seamos sinceros, tenemos que reconocer que solo unos cuantos años antes, hubiésemos reaccionado exactamente igual que ellos.

Por ejemplo, en una ocasión Moisés, durante un programa radial atacó a un pastor que animaba a los cristianos a filtrar por las Escrituras las enseñanzas de un telepredicador y falso maestro de la prosperidad que visitaba nuestro país. Él lo hacía pensando que eso era lo correcto, porque creía que el «obrar sobrenatural» de Dios no requería mayores explicaciones o sustento bíblico. Él pensaba que cuestionar a un «ungido» de Dios era cuestionar a Dios mismo. Betsy, por su lado, no admitía ninguna crítica a lo que a su entender era el mover de Dios y defendía con pasión sus experiencias espirituales y las de otros, aunque estas no fueran coherentes con la Escritura.

Recordar cómo nosotros pensábamos hasta hace poco tiempo nos ayudó a refrescar la memoria y tener una actitud diferente ante las críticas. Nosotros estábamos en el mismo lugar donde ellos se encuentran y entendíamos a la perfección el rechazo que ellos manifestaban porque nosotros también hicimos lo mismo muchas veces.

Muchas de estas personas habían sido de mucha influencia en nuestras vidas, por lo que el proceso fue más doloroso de lo que hubiéramos podido imaginar. Crecimos en un ambiente cristiano en donde la autoridad y el liderazgo tienden a considerarse como irrefutables. Podía considerarse como ofensivo el invitarles a observar cómo nuestro sometimiento a la verdad de la Escritura destruyó todas las columnas que, por tantos años, habíamos levantado juntos. Confrontar, contradecir o pedir un sustento bíblico a sus enseñanzas podía sonar como sinónimo de irrespeto y traición.

Lo que pensábamos que sería una jornada de gozo colectivo, de repente tomó un giro completamente inesperado. De repente nos encontramos solos. Ya no éramos bienvenidos en los lugares que reconocíamos como nuestro hogar.

Algunos levantaron críticas, falsos testimonios y acusaciones aun en los medios de comunicación. Hubo tantas emociones encontradas. No podemos negar que queríamos defendernos y, sinceramente, no siempre respondimos bien ante las críticas. Pero Dios en Su gracia nos recordó que fue Él quien nos dio el entendimiento y nos permitió descubrir la verdad del evangelio. Por lo tanto, descansábamos en que nuestro Señor mismo tenía que obrar en sus corazones; así que nos quedamos quietos y callamos. Esa decisión se sintió como una dosis de muerte lenta a nuestro orgullo. Lo que no sabíamos era que vendrían muchas dosis adicionales en el camino.

Dios usó el proceso para mostrarnos cómo el temor a los hombres estaba arraigado en nuestros corazones. La opinión de los demás era muy importante para nosotros y nunca habíamos identificado esa tendencia como la Biblia le llama: pecado. En ocasiones, cuando nos cuestionaban, aunque deseábamos estar firmes en la verdad de la Palabra de Dios, nos sentíamos tentados a diluirla porque temíamos que se rompieran los lazos afectivos que nos unían con quienes no daban ningún tipo de cabida a cuestionamientos a sus convicciones. Esto no solo pasaba en el plano personal, aun entre líderes y en las redes sociales nos veíamos tentados a agradar a los demás. En medio de nuestra lucha, la advertencia de Salomón nos marcó:

«El temor al hombre es un lazo,
pero el que confía en el Señor estará seguro» (Prov. 29:25)

Nuestra reputación no era un lugar seguro para depositar nuestra confianza, la opinión de los demás no era la fuente para nuestra identidad. Por eso nos sentíamos atrapados cuando deseábamos justificar nuestras acciones para agradar a los demás. Solo fuimos libres de esos lazos cuando recordamos que toda nuestra confianza se encuentra en el Señor y Su Palabra. En ese momento, el evangelio fue nuestro sustento, así que recordábamos nuestra posición en Cristo una y otra vez.

Dios nos cuidaba con ternura y nos guiaba con pasajes en Su Palabra que nos ayudaban a ver con claridad Su voluntad y la dirección por la que debíamos andar. Por ejemplo, la confrontación de Pablo a la iglesia de Galacia fue una gran exhortación que animó nuestros corazones:

«Porque ¿busco ahora el favor de los hombres o el de Dios? ¿O me esfuerzo por agradar a los hombres? Si yo todavía estuviera tratando de agradar a los hombres, no sería siervo de Cristo» (Gál. 1:10).

Este llamado de alerta marcó un antes y un después en esta etapa que estábamos viviendo y llenó nuestros corazones de nuevas fuerzas y valentía. Para Moisés este pasaje era como un ancla que lo sostenía en cada conversación, por más incómoda que estas fueran. Nos quedó muy claro por qué los cristianos estamos llamados a agradar a Dios por encima de todo y de todos. Dios fue quien inició esta maravillosa obra en nuestras vidas, Él fue quien abrió nuestros ojos para que la luz del evangelio resplandeciera. Por lo tanto, era ilógico que nos rindiéramos ante el altar del temor al hombre. Más bien, la respuesta razonable era que pusiéramos todo a un lado para mostrarle nuestra lealtad solo al Señor.

Pero había algo más en juego que era muy importante para nosotros. Nuestras vidas giraban alrededor del ministerio y de todo lo que hacíamos para el Señor. Por eso, el simple hecho de someter nuestras convicciones a la Palabra de Dios nos llevó a tener que «perder» y renunciar a todo lo que habíamos construido por más de una década.

Este era un proceso irreversible. No hay vuelta atrás cuando se trata de seguir a Cristo. Los discípulos fueron llamados a dejarlo todo y seguir a Jesús (Luc. 5:8-11). Dios cambió radicalmente el corazón y la misión de Pablo (Fil. 3:7-8). Esto no ha cambiado y sigue sucediendo cada vez que un creyente deja atrás sus tesoros terrenales para perseguir los tesoros del reino.

«Y decía a todos: Si alguno quiere venir en pos de mí, niéguese a sí mismo, tome su cruz cada día y sígame» (Luc. 9:23, RVR1960).

Este camino, aunque doloroso, fue también muy dulce. Nada se comparaba al gozo que el Espíritu Santo producía en nosotros con cada paso de obediencia. Además, el Señor nos permitió conocer áreas de Su carácter que no habíamos descubierto antes. ¡Contemplamos Su guía, amor y provisión en «HD» (alta resolución)!

Una forma en la que Dios nos mostró Su cuidado amoroso fue guiándonos a tener tiempos de reposo. En lugar de hacer, hacer y hacer, como estábamos acostumbrados, nos vimos en la necesidad de hacer un alto, descansar y tomar una pausa ministerial. Aunque suene como algo atractivo, para nosotros era literalmente poner nuestro mundo al revés. Teníamos las manos llenas de tantos esfuerzos ministeriales, teníamos una gran cantidad de planes por delante, pero ahora todo estaba cambiando. Dios tenía mejores planes y ahora nos invitaba a soltarlo todo, a liberar nuestras manos para sostenernos de Su mano.

Luego de renunciar a todas las iniciativas ministeriales que teníamos en marcha y de salir de las redes sociales, pasamos un par de meses de retiro en oración, buscando la dirección de Dios. Recibimos consejos de algunas personas que nos invitaban a reconsiderar nuestras decisiones y de otros que nos animaban a plantar una iglesia. Sin embargo, era evidente para nosotros que ese no era el plan de Dios en ese momento. En lugar de acelerar el tren para dirigirnos a un destino incierto, era tiempo de detenerlo para reprogramar su curso de acuerdo con la voluntad de Dios.

Después de acostumbrarnos a vivir en un constante activismo, soltarlo todo era un reto. Pero Dios en Su gracia nos mostró nuestra necesidad de reposo. Necesitábamos experimentar el descanso que solo se encuentra en Él. Respondimos a la invitación de Jesús:

«Vengan a Mí, todos los que están cansados y cargados, y Yo los haré descansar. Tomen Mi yugo sobre ustedes y aprendan de Mí, que Yo soy manso y humilde de corazón, y hallarán descanso para sus almas» (Mat. 11:28-29).

Fueron muchos años de carga y cansancio acumulados producto de un pobre entendimiento de Dios, de nosotros mismos y del evangelio. Era tiempo de descansar, pero no de la manera en que estábamos acostumbrados. El descanso solo se encuentra en una persona y Su nombre es Cristo. No solo había llegado el momento de creer en el evangelio, sino de vivirlo. A partir de ese momento saboreamos la dulzura de descansar de nuestras obras para ser definidos por la obra de otro, por la obra de Cristo en la cruz a nuestro favor.

Pensábamos que nos sentiríamos vacíos al soltarlo todo, pero experimentamos todo lo contrario al descansar de nuestra carga. Dane C. Ortlund lo explica mejor que nosotros cuando dice:

> Percibir el amor de Cristo es lo que trae descanso, integridad y *shalom*: esa calma existencial que por breves momentos sanos se apodera de ti y te permite salir de la tormenta de las obras. Contemplas por un momento que en Cristo eres realmente invencible. Nada puede tocarte, Él te ha hecho suyo y nunca te echará fuera.[1]

Esa era la fuente de nuestro descanso, el amor de Cristo y Su obra completa a nuestro favor. Ya éramos suyos para siempre, podíamos dejar de afanarnos y dejarnos apacentar por el Buen Pastor. Al final de cuentas, «somos hechura Suya, creados en Cristo Jesús para hacer buenas obras, las cuales Dios preparó de antemano para que anduviéramos en ellas» (Ef. 2:10).

Movidos por la necesidad de recibir la Palabra de Dios predicada con fidelidad y ser alimentados espiritualmente, nos acercamos a una iglesia en la que nunca pensamos que pondríamos un pie. Esta era la iglesia del pastor que mencionamos al inicio de este capítulo, alguien a quien Moisés criticaba abiertamente en la radio en el pasado. ¡Quién diría que terminaríamos yendo a ese lugar!

Llegamos temprano al servicio y nuestros corazones estaban acelerados porque, por un lado, conocíamos a muchas de las personas que estaban allí (ellos sabían nuestro trasfondo) y, por otro lado, porque estábamos expectantes de lo que Dios haría en nosotros. Esa mañana, por primera vez, escuchamos una predicación versículo por versículo, en donde se buscaba darle sentido a todo un pasaje de las

---

[1] Ortlund, Dane C., *Manso y humilde* (Nashville, TN: B&H Publishing Group), pág. 188.

Escrituras y no solo usar muchos versículos para justificar nuestras ideas. Salimos de ese servicio con un gozo inexplicable. Nosotros seguimos asistiendo y la experiencia se repitió domingo tras domingo, reunión tras reunión.

Lo que comenzó con un paso de obediencia terminó convirtiéndose en un año de reposo. Sentarnos a recibir la Palabra predicada de forma expositiva y consistente alimentó nuestras almas, restauró nuestros corazones y nos condujo al descanso y la nutrición espiritual que tanto necesitábamos.

REFLEXIONA

- ¿Cuál es el punto de partida del avivamiento según el Salmo 119:156?

- «El avivamiento da como resultado vidas transformadas que se inclinan a obedecer a Dios movidas por el gozo y la pasión de vivir para Su gloria». ¿Cómo luce esa transformación en la vida diaria?

- ¿Hay alguna evidencia de temor a los hombres en tu vida que te hace actuar como no debieras? Pídele al Señor que te dé convicción de pecado, te conceda el arrepentimiento y te lleve a vivir tu fe con valentía.

- ¿Está tu identidad definida por lo que «haces» para Dios?

- ¿Hay alguna área en la que Dios te está invitando a descansar en Él? Lee Mateo 11:28-29 y responde a Dios en oración.

CORAZONES ENSEÑABLES

6

En el momento en que abrimos nuestras manos para soltar todo lo que hasta ese entonces «hacíamos» para Dios y para reposar del activismo agobiante que nos caracterizaba, nos imaginamos que nuestras vidas lucirían como una de esas pinturas idílicas con un paisaje sosegado alrededor de un lago tranquilo. En realidad fue todo lo contrario. Sí, experimentamos una paz inexplicable y descansamos de los esfuerzos fallidos que hacíamos en nuestras propias fuerzas, pero el llamado a dejar el activismo fue, en realidad, un llamado a otro tipo de acción. La inactividad no es parte de la fórmula del llamado de Dios. Él nos estaba invitando a ser proactivos en nuestra vida espiritual para terminar de darle muerte a nuestro orgullo y quitar, de una vez por todas, nuestra mirada de nuestro desempeño y colocarla en la obra perfecta de Cristo en nuestro lugar mientras seguimos sirviendo al Señor, pero ahora en la fuerza de Su poder (Ef. 1:19).

Se requiere de una fe activa para negarnos a nosotros mismos, para poner a un lado todas nuestras presuposiciones, para reconocer que no tenemos todas las respuestas y que no somos imprescindibles como pensábamos. Te confesamos que era más fácil continuar conduciendo nuestro tren ministerial a toda velocidad que frenarlo y dejar los controles al Señor para que Él establezca la velocidad y la dirección de Sus siervos.

Ahora estábamos aprendiendo que la identidad es sumamente frágil cuando solo es definida por el desempeño y la aceptación de los demás. En ocasiones éramos tentados a sentirnos inútiles cuando íbamos a la iglesia y no teníamos nada que hacer durante el servicio. En el pasado, nuestra respuesta por defecto ante cualquier requerimiento en la iglesia era ofrecernos para cubrir la necesidad. La verdad es que el sentirnos necesitados nos producía una sensación de realización a la que estábamos muy acostumbrados. Una vez más, esto confirmaba que nuestro servicio a Dios estaba centrado en nosotros mismos y lo que necesitábamos con urgencia era crecer en humildad para aprender a reconocer que somos un cuerpo y necesitamos servir, pero también ser servidos por otros hermanos.

También fuimos retados a cultivar un corazón enseñable que tenga una profunda disposición a aprender de todos. Parece un asunto sencillo, pero habíamos pasado toda nuestra vida cristiana enseñando a otros. Moisés creció detrás del púlpito, siempre ocupando posiciones de liderazgo. Betsy era maestra desde muy jovencita, a veces se confundía entre los estudiantes por su corta edad. Siempre estábamos al frente de nuestros hermanos, sin importar que se tratara de grupos grandes, reuniones en hogares o eventos multitudinarios.

Nos sentíamos tan cómodos en el liderazgo que nos habíamos olvidado cómo «existir» sin llevar toda la responsabilidad sobre nuestros hombros y no nos habíamos dado cuenta de que necesitábamos ser ministrados. Confesamos que cuando nos sentábamos en cualquier actividad grande o pequeña de la iglesia, el movimiento tembloroso de nuestros pies delataba la ansiedad que sentíamos por dar nuestra opinión o asumir la voz cantante en la actividad. El Señor conocía todo el torbellino de emociones que teníamos por dentro, por lo que nos brindó muchas oportunidades para rendirnos al Señor y permanecer quietos mientras hacia Su obra en nosotros (Sal. 46:10). Mientras más nos involucrábamos en la vida de la iglesia, Él, en Su gracia, iba aquietando nuestros corazones y nos enseñaba los beneficios de mantener una actitud de discípulos con un corazón dispuesto a ser enseñado por otros.

En ese proceso aprendimos que un corazón enseñable descansa en tres pilares: (1) **una postura abierta para aprender del testimonio y la sabiduría de hombres y mujeres piadosos**; (2) **una apertura para recibir la confrontación bíblica de los hermanos a nuestro alrededor**; y (3) **la intención de cultivar una cultura** de transparencia y rendición de cuentas dentro del marco de la iglesia local. Cada uno de estos pilares a su vez descansan en el fundamento de la humildad. En otras palabras, sin humildad ninguno de estos pilares podría sostenerse y dar fruto.

Todo esto era nuevo para nosotros y, a decir verdad, ninguno de estos pilares estaba presente en nuestras vidas. Dios puso hambre por Su verdad en nosotros y estábamos muy deseosos de sentarnos a la mesa para disfrutar de sus manjares, pero una vez sentados, no teníamos idea de cómo conducirnos.

Abrazamos el primer pilar al inicio de la jornada y nos dispusimos a aprender del testimonio y sabiduría de hombres y mujeres piadosos. Pero este ejercicio de humildad provisto por el Señor no dejaba de sorprendernos. ¿Recuerdas que asistíamos a la iglesia que Moisés había dicho en el pasado que jamás asistiría? Bueno, pues ahí estábamos, sentados bajo la enseñanza del mismo pastor que Moisés había criticado con vehemencia. Cada vez que llegábamos a esa iglesia, nos mirábamos y nos decíamos el uno al otro: «quién diría que Dios nos traería aquí».

Moisés se convencía con el paso de los domingos de que necesitaba hablar con el pastor y confesarle lo que había en su corazón. Le pedimos una reunión y nos recibió de inmediato. Cuando estábamos frente a él, Moisés no perdió un segundo y lo primero que salió de sus labios fue: «pastor, perdóneme. He sido un crítico sin fundamento de su persona, de la iglesia y del ministerio». El pastor respondió con una sonrisa cargada de compasión y le dijo que él era igual de pecador y le mostró la esperanza que tenemos en la cruz.

Dios nos regaló una hermosa experiencia de reconciliación luego de ese intercambio de gracia. Abrimos nuestros corazones entre abrazos y lágrimas. Esa experiencia dio inicio a una relación de discipulado que nunca habíamos experimentado y que, a pesar de la distancia, continúa hasta el día de hoy.

Dios nos proveyó en esa misma iglesia local a hombres y mujeres que nos enseñaron, no solo con su conocimiento de la Palabra de Dios, sino también con una vida coherente con lo que enseñaban. Lo que veíamos en ellos no siempre fue perfecto, pero pudimos aprender cómo luce la gracia de Dios en acción y el evangelio en la vida diaria. Poco a poco aprendimos a poner manos y pies a lo que antes parecía teórico sobre la familia, el matrimonio, la crianza, la hospitalidad, la pureza, la confesión de pecados, la disciplina y la vida cristiana en general. Compartiremos algunas de estas enseñanzas en los capítulos siguientes.

Mientras más conocíamos de Dios por medio del testimonio de otros, más crecíamos en un entendimiento sano de la verdad y descubríamos cuánto necesitábamos crecer.

La apertura a la confrontación fue otro pilar que era necesario cultivar para desarrollar un corazón enseñable. Antes rechazábamos este concepto porque no lo conocíamos desde la perspectiva bíblica. De hecho, hacíamos todo lo posible por evitar todo tipo de amonestación. Era mucho más fácil obviar las faltas y colocarlas debajo del tapete, antes que enfrentarlas y buscar el arrepentimiento y la restauración. Quizás le huíamos porque la confrontación que no toma en cuenta el evangelio produce heridas y división, algo que vivimos tantas veces en carne propia.

Las palabras del apóstol Pablo en su carta a la iglesia de Galacia revolucionaron nuestro entendimiento sobre la confrontación:

«Hermanos, aun si alguno es sorprendido en alguna falta, vosotros que sois espirituales, restauradlo en un espíritu de mansedumbre, mirándote a ti mismo, no sea que tú también seas tentado. Llevad los unos las cargas de los otros, y cumplid así la ley de Cristo. Porque si alguno se cree que es algo, no siendo nada, se engaña a sí mismo. Pero que cada uno examine su propia obra, y entonces tendrá motivo para gloriarse solamente con respecto a sí mismo, y no con respecto a otro» (Gál. 6:1-4, LBLA).

¡Este texto es muy desafiante! La meta de la confrontación bíblica no es la humillación, sino la restauración. Nace del deseo de servir en mansedumbre, en humildad y con el firme propósito de restaurar al hermano y ayudarlo en su andar de fe. Aprendimos que para cultivar un corazón enseñable se requiere tener una actitud sana de apertura a este tipo de confrontación. La iglesia debe procurar ser un lugar seguro donde nuestras faltas son confesadas, se promueve el arrepentimiento genuino y las vidas son restauradas por medio del poder de Dios a través de la comunidad de hermanos que aman a Dios y a Su iglesia.

También descubrimos que la confrontación bíblica está marcada por la gracia y la verdad. La confrontación llena de gracia y carente de verdad puede llevar a la persona a un mal entendimiento que le haga minimizar la gravedad de su falta. Por otro lado, si solamente se presenta con verdad y carece de gracia, entonces podría dejar una carga que aplasta la esperanza de la persona.

Siempre seremos muy beneficiados con la confrontación bíblica porque nos ha ayudado a ver los puntos ciegos de nuestras vidas a través de los ojos de hermanos maduros en la fe y llenos de gracia.

Unos meses después de la conversación con el pastor se produjo otro momento memorable. Una pareja de mentores fueron de visita a nuestra casa. Pasamos un tiempo muy ameno, entre risas y anécdotas. Nos hicieron sentir tan amados con su visita. Unos días más tarde, la esposa se acercó a Betsy para animarla a ser más cuidadosa de su hogar. Le señaló que su casa necesitaba de su atención y le enseñó formas prácticas en las que ella podía ordenar, nutrir y vigilar la marcha de su casa. Esta era la primera vez que Betsy fue confrontada en este aspecto de su vida y, a decir verdad, la ternura y el amor con el que ella recibió esta amonestación le sorprendió más que su propia falta.

Por más dulce que sea la confrontación, en el fondo siempre será un golpe a nuestro orgullo. Uno no se siente bien cuando esos puntos ciegos son expuestos y quedamos al descubierto. De hecho, podemos ceder a la tentación de sentirnos juzgados y rechazar la amonestación al dejarnos llevar por nuestro orgullo. Sin embargo, cuando recordamos que el fundamento de nuestra identidad está en la vida perfecta de Cristo, podemos

LA CONFRONTACIÓN BÍBLICA ESTÁ MARCADA POR LA GRACIA Y LA VERDAD.

UN CORAZÓN ENSEÑABLE REQUIERE DE TRANSPARENCIA Y RENDICIÓN DE CUENTAS.

aceptar la corrección porque nuestro mayor deseo no es aparentar perfección, sino crecer a Su imagen. Finalmente, durante este proceso también aprendimos que un corazón enseñable requiere de transparencia y rendición de cuentas. Esto era completamente nuevo para nosotros. No estábamos acostumbrados a ser transparentes con respecto a nuestras luchas porque éramos muy celosos de nuestra reputación y preferíamos que los demás tuvieran una impresión excelente de nuestro andar. De hecho, instruíamos a los hermanos a ser muy cuidadosos a la hora de hablar de sus pecados para que su testimonio no se viera afectado. Con esa excusa manteníamos nuestra realidad al margen y a veces ni nuestros mejores amigos sabían por las cosas que estábamos atravesando.

Cuando hablamos de transparencia no estamos diciendo que todo el mundo debe conocer nuestras intimidades como si viviéramos en una pecera que permite que todos nos observen desde todos los ángulos. Esa no es la idea de transparencia bíblica. A lo que nos referimos es a mostrarnos como realmente somos y nos sentimos, evitando vivir escondidos detrás de una máscara que presenta a un personaje religioso exitoso, pero que oculta nuestras verdaderas personas.

Mientras más entendíamos que la obra de Cristo era nuestra única fuente de identidad, más libres nos sentíamos para mostrar con la mayor honestidad las luchas que enfrentábamos. Fuimos animados con el testimonio de Pablo en su primera carta a Timoteo. Lo que nos sorprendió es que Pablo, en lugar de presentar una imagen intachable de sí mismo para validar su liderazgo, le recordó a su discípulo en la misma introducción que no solo era un pecador, sino el mayor de los pecadores.

«Palabra fiel y digna de ser aceptada por todos: Cristo Jesús vino al mundo para salvar a los pecadores, entre los cuales yo soy el primero» (1 Tim. 1:15).

Si somos sinceros, todos nos identificaremos en secreto con esta declaración porque nadie conoce nuestros pecados más íntimos como nosotros mismos, pero no todos seremos capaces de reconocerlos abiertamente como lo hizo Pablo.

Más allá de nuestra rendición de cuentas como pareja, nosotros hemos practicado la rendición de cuentas individual con amistades fieles del mismo sexo a través de conversaciones cotidianas y programadas. En esos ambientes distendidos y amorosos hemos sido exhortados, confrontados, animados y consolados con la verdad de la Palabra de Dios. No nos habíamos dado cuenta de cuán importante eran este tipo de evaluaciones para no estancarnos en nuestras vidas espirituales. Lo que antes pensábamos que hubiera sido un obstáculo para hacer brillar nuestras reputaciones, ahora nos ayuda a identificar áreas donde necesitamos crecer y así asemejarnos cada día más a nuestro Señor Jesucristo.

Es posible que todavía te sientas temeroso con respecto a la rendición de cuentas. Por eso quisiéramos aclararlo lo más posible porque es sumamente beneficioso si lo practicamos y podría ser muy debilitante para nuestras vidas espirituales si lo dejamos de lado. La rendición de cuentas es básicamente invitar a un creyente maduro a ser intrusivo en nuestras vidas con el propósito de exhortarnos con la verdad de la Palabra de Dios y ayudarnos a identificar cómo podemos crecer en diferentes aspectos de nuestras vidas. En palabras sencillas es no dejar de ser discipulados por el resto de nuestras vidas.

Lo más interesante es que todo esto ha sucedido (y sigue sucediendo) en lo cotidiano de la vida, en el día a día. No esperes un manual oficial de rendición de cuentas ni tampoco un horario programado entre las actividades de la iglesia. En el momento menos esperado, basta esta simple pregunta: «¿cómo estás?» para que la fidelidad de quien pregunta no se conforme con un «estoy bien» a la ligera, sino que indague con amor y paciencia hasta escuchar la verdad de nuestro estado.

Mientras más intencionales éramos en desarrollar este tipo de relaciones, más nos dábamos cuenta de lo mucho que teníamos que crecer en humildad. Pero la verdad es que todo esto valía la pena porque nuestro anhelo ya no era simplemente madurar como líderes, sino madurar a la imagen de Cristo, lo cual era infinitamente superior. Algo que aprendimos sobre la marcha es que estos pilares se sostienen en la iglesia local. Descubrimos la importancia de fomentar una cultura de gracia; es decir el ser intencionales en extender la gracia (favor inmerecido) que hemos recibido en Cristo a la familia de la fe, perdonando como hemos sido perdonados, extendiendo de la misericordia que hemos recibido de Dios. Cuando vivimos de esta manera fomentamos un ambiente en el que las personas caminan en transparencia y libertad para confesar sus luchas porque es la obra de Cristo lo que les define.

El apóstol Pablo nos dejó ejemplo de cómo mirar a los creyentes con el lente de la gracia, al llamarle santos y fieles aun a aquellos cuyas faltas eran conocidas. Él sabía que la obra de Cristo era la identidad de estos cristianos al punto de llamar santos a aquellos a los que confrontó severamente a causa de su pecado (1 Cor. 1:2; Col. 1:2).

Dios ha establecido que la iglesia sirva como la comunidad donde Sus hijos son mutuamente corregidos en amor para el crecimiento y la santificación del cuerpo de Cristo (más adelante ampliaremos las lecciones aprendidas en la iglesia local). Esta es una disciplina espiritual tan necesaria para poder cultivar corazones enseñables que crezcan como verdaderos discípulos de Cristo. Pero no olvides que solo puede llevarse a cabo en humildad y amor.

El cultivar un corazón enseñable nos permite invitar a otros mentores y líderes para que puedan entrar en nuestras vidas y nos ayuden a ver con mayor claridad la obra que el Señor está haciendo en nuestras vidas, nuestros pecados o debilidades y, como resultado, ver nuestra necesidad de Dios en áreas que por nosotros mismos no hubiésemos podido descubrir.

No quisiéramos pasar por alto el afirmar que el proceso de cultivar un corazón enseñable tiene un gran enemigo en el orgullo. Se manifiesta de diferentes maneras a través del temor a los hombres, la idolatría a nuestra reputación y en vivir vidas paralelas.

Recordamos el día en el que nuestro primer hijo estaba fuera de control mientras visitábamos a una pareja mayor de la iglesia. Esa fue la última vez en la que excusábamos su comportamiento con el hecho de que era muy inquieto y estaba atravesando la «crisis» de los «terribles dos años». Betsy recuerda que durante una rabieta de Josué, ella sonrió y con un una risa nerviosa dijo: «discúlpennos, lo que pasa es que este muchachito es como una licuadora sin tapa... a veces simplemente no se puede controlar».

Esa visita duró mucho más de lo que nos imaginamos. Ellos nos mostraron el error que cometíamos al no tomar las riendas de la crianza de nuestro hijo con la autoridad y la disciplina bíblica que Dios nos había delegado. Nos mostraron los puntos ciegos que no podíamos ver por nosotros mismos y nos mostraron la esperanza del evangelio en esta área de nuestras vidas.

La valentía de esos hermanos y su fidelidad al hablarnos la verdad acerca de un tema tan sensible (y hasta catalogado como muy privado en esta generación que se ofende con tanta facilidad) marcó un giro decisivo en nuestras vidas. Su intervención fue crucial para la dirección que tomaría nuestra familia en los siguientes años.

Cuánto bien nos ha hecho el estar dispuestos a desaprender los errores que habíamos acumulado por tantos años de desconocimiento del consejo de Dios en Su Palabra. Hermanos fieles en la fe nos han señalado el camino que debíamos tomar a través de la Palabra de Dios y sus ejemplos de fidelidad y gracia. Cuán importante es ser intencionales para aprender la verdad y conformar nuestras vidas a ella. Esta práctica es fundamental en nuestras vidas cristianas, no son experiencias que se viven al inicio de la fe o en pocas oportunidades, sino que se deben repetir una y otra vez. Mientras estemos de este lado del sol, siempre habrá algo que desaprender y aprender.

En otro tiempo, teníamos los oídos cerrados para sentarnos a escuchar la Palabra de Dios de otros hermanos que no fueran los que eran parte de nuestros círculos. No teníamos un corazón para recibir la confrontación y mucho menos para vivir en transparencia. Pero damos gracias a Dios que nos ayudó a ver la necesidad de cultivar un corazón enseñable. Hoy damos testimonio del beneficio de mantener una actitud abierta para aprender del testimonio de hombres y mujeres piadosos; la importancia de recibir la confrontación bíblica de los hermanos a nuestro alrededor con humildad; y la necesidad de ser intencionales en cultivar una cultura de transparencia y rendición de cuentas dentro del marco de la iglesia local.

REFLEXIONA

• ¿De qué maneras te ha retado este capítulo a pensar acerca de la importancia de cultivar un corazón enseñable?

• ¿Cuáles son los tres pilares que contribuyen al desarrollo de un corazón enseñable?

• ¿Cuáles son las razones por las que temes ser transparente con tus luchas?

• ¿Cuáles son los beneficios de cultivar un corazón enseñable?

• ¿Cómo te anima el evangelio a ser intencional para invitar a otros creyentes piadosos a caminar contigo en transparencia?

CAMBIOS INTERNOS

7

Nuestro mundo se estaba poniendo al revés. Los cambios no solo sucedían en nuestro interior, alrededor de nosotros y del ministerio, también tocaron las puertas de nuestro hogar. Todo lo que era normal en nuestra dinámica de vida comenzaba a lucir muy diferente a como solía ser. Mientras más nos exponíamos a la Escritura podíamos ver con más claridad la necesidad de renovar nuestra mente para comprender y someternos a la voluntad de Dios (Rom. 12:1-2), en aspectos tan básicos como nuestra relación como esposos, nuestros roles y lo que hasta ese momento entendíamos que era la crianza de nuestro primer hijo.

La Palabra comenzó a alumbrar áreas oscuras de nuestro andar en muchas áreas de nuestras vidas (no solo las religiosas o espirituales) y nos ayudó a ver con claridad el pecado y los errores que estaban enraizados en nuestros patrones de conducta. No solo nuestras mentes estaban siendo iluminadas con la verdad, nuestros pasos también podían ver con tanta claridad el camino que teníamos delante y lo que el Señor esperaba de nosotros, como lo dice el salmista:

«Lámpara es a mis pies Tu palabra,
y luz para mi camino»
(Sal. 119:105)

Ese es el efecto del evangelio que tiene el poder para transformar nuestro entendimiento, capturar nuestros corazones y cambiar nuestras vidas. Lo que íbamos descubriendo cada día es que, en nosotros, todavía había mucho que cambiar.

Antes pensábamos que nuestro matrimonio «funcionaba» bien, porque éramos como socios en una empresa con roles idénticos. Trabajábamos en equipo para pagar las cuentas, para manejar la casa, para servir en el ministerio y para mantener una vida social activa. Sabíamos que nuestra estructura tenía grietas de falta de confianza, perdón y sumisión, pero preferíamos ignorarlas y fingir que no existían para evitar conflictos. Al final del día nos considerábamos un matrimonio exitoso.

Sin embargo, no fue hasta vernos de cara a la verdad de la Palabra que nos dimos cuenta de que Dios tenía una opinión muy diferente. Por ejemplo, no conocíamos que Dios había dado roles distintivos al hombre y a la mujer, no teníamos idea de que nuestra unión debía apuntar a la relación de Cristo y Su novia, la iglesia (hablaremos con más detalle de este tema más adelante). En fin, estábamos descubriendo que nuestra idea de lo que significaba ser hombre y mujer de Dios provenía de una mezcla que incluía tanto pensamiento del mundo como enseñanzas repetidas de líderes religiosos que nunca habíamos contrastado a la luz de la Biblia.

Para Betsy ser «una mujer de Dios» era sinónimo de empoderamiento y fuerza en términos de autoridad y liderazgo. Ella no veía ninguna línea que separara los roles de la mujer y del hombre; todo lo contrario, ella pensaba que eran intercambiables dependiendo de la necesidad o las circunstancias. Esto no solo era intercambiable en la dinámica del hogar, sino que ella también lo veía de la misma manera en el liderazgo de la iglesia.

Betsy entendía que la superación personal estaba por encima de todos los roles tradicionales. Por lo tanto, una carrera profesional y un lugar de éxito en el mercado laboral opacaban por completo las labores en el hogar y la crianza. Por supuesto, ella creía que el matrimonio y los hijos eran una bendición, pero en el fondo pensaba que estos no podían interferir con su carrera y su ambición por alcanzar «el potencial que Dios le había dado».

Su idea de lo que significaba ser una mujer se sustentaba en los ejemplos de mujeres que aparecían en los medios o conocidas, cuya meta era salir adelante para probarle al mundo que eran capaces de hacer cualquier cosa por ellas mismas. Con esas ideas Betsy llegó al matrimonio a sus veintidós años. Unos años más tarde llegó su primer hijo. En ese entonces ya había terminado su carrera en mercadotecnia, había completado una maestría en comunicación integral y se desempeñaba como gerente de mercadeo en una empresa. Ella disfrutaba muchísimo su trabajo, aunque le consumía todo su día.

Betsy era una ejecutiva moderna que disfrutaba salir por las mañanas a su trabajo y dejar todas las labores de la casa y el cuidado de su hijo en las manos de otras personas. Al final de cuentas, ella pensaba que esas labores domésticas no le aportaban nada y ella ganaba lo suficiente para complementar lo que su ausencia requería: a su familia. De hecho, su lema era: «si otra persona puede ocuparse de lo sucio y ordinario, entonces estaré libre para atender asuntos más importantes». Ella pensaba que el éxito solo se encontraba fuera de las paredes de su casa, de manera que esa era su excusa para no ocuparse con empeño en cultivar su hogar. Y para ser sinceros, aunque no lo dijera con palabras, sus acciones demostraban una falta de afecto por la maternidad. Ella amaba a su hijo, pero sus prioridades estaban tan distorsionadas que sus acciones parecían negarlo.

Hasta que se vio de frente con la verdad de la Palabra de Dios es que pudo, por primera vez, conectar los vínculos entre la buena noticia del evangelio y las maneras en las que ella puede manifestar el carácter de Dios como mujer. Un momento memorable fue cuando Moisés llegó a la casa y le recomendó a Betsy que buscara información de una conferencia para mujeres llamada «*True Woman*».[1] Ella escuchó a Moisés, pero tenía en mente muchas otras cosas que consideraba más importantes. Esa misma noche no podía dormir, algo que era común producto del estrés que le causaba vivir como una malabarista que se esforzaba por tener todos los platos en el aire. Ese insomnio regular la llevó esa noche a prepararse un té relajante y buscar ese ministerio en línea. Ella sentía que el título «Mujer

---

[1] En ese momento el ministerio Revive Our Hearts solo estaba disponible en inglés. Ahora puedes encontrarlo en español como Aviva Nuestros Corazones y las conferencias bajo el título «Mujer Verdadera».

verdadera» de esa conferencia era lo que, a su entender, la describía por completo. Ella pensaba que allí encontraría confirmación para seguir con su estilo de vida, pero encontró algo completamente diferente.

Lo que halló fue una enseñanza[2] sobre las características de una mujer marcada por la verdad de la Palabra de Dios, a la luz de la instrucción de Pablo a Tito, su emisario pastoral en Creta.

«Asimismo, las ancianas deben ser reverentes en su conducta: no calumniadoras ni esclavas de mucho vino, que enseñen lo bueno, que enseñen a las jóvenes a **que amen a sus maridos, a que amen a sus hijos, a ser prudentes, puras, hacendosas en el hogar, amables, sujetas a sus maridos, para que la palabra de Dios no sea blasfemada»** (Tito 2:3-5, LBLA, énfasis añadido)

Lo que escuchó le hizo ver su propio mundo de una manera tan distinta. Por primera vez Betsy vio que las labores que ella catalogaba como ordinarias y sin valor, en realidad eran muy importantes para Dios. Ella no podía creer que existía una instrucción directa a las mujeres para que se dedicaran a las cosas que ella siempre había menospreciado y había acabado rechazando. Lo que más le impactó fue ver que estos aspectos que ella consideraba secundarios eran muy importantes para el Señor, hasta el punto en que contradecirlos o descuidar estos asuntos «tan comunes y corrientes» resultaba en una deshonra a la Palabra de Dios.

Ella descubrió con sorpresa que había dedicado todos sus esfuerzos a hacer todo lo contrario a las prioridades que Dios había establecido en Su Palabra para ella como mujer. Porque aunque desarrollar una carrera profesional no es un pecado en sí mismo, ella reconoció que la sumisión a su esposo, el cuidado de la marcha de su hogar y el anhelo por nutrir el corazón de su hijo, brillaban por su ausencia en su lista de prioridades. Betsy pudo reconocer que su estilo de vida no era más

[2] https://www.reviveourhearts.com/events/true-woman-10-chattanooga/what-true-woman/

que un conjunto de decisiones alimentadas por las ideas popularizadas por la cultura imperante, el deseo de perseguir su corazón engañoso y el resultado de un entendimiento defectuoso del diseño con el que Dios la había creado.

Esa noche marcó un antes y un después porque cuando la verdad captura el corazón, ya no hay vuelta atrás. La instrucción del apóstol Pablo a Tito tenía la intención de organizar la iglesia y eso era precisamente lo que estaba haciendo esta verdad en su corazón al traer orden a sus prioridades y afectos. Ella reconoció que a partir de ese momento tenía que dar un vuelco en su vida. Cuando consideró el costo de someterse a la verdad de las Escrituras, se dio cuenta de que, en realidad, era muy alto. Todo esto llegó en un momento en que estaba recibiendo una oferta de promoción laboral y salarial, pero para este momento, nada se comparaba al valor de rendirse por completo a Cristo.

Ella no pudo dormir toda la noche esperando que Moisés despertara para contarle cómo la Palabra de Dios la había convencido de que su falta de sumisión a su liderazgo, su desapego por el hogar y la maternidad eran la evidencia de los ídolos que pululaban en su corazón. Ahora ella estaba dispuesta a dejarlo todo atrás con el fin de aprender a amar lo que Dios ama y servirle en los lugares que antes despreciaba. Costara lo que costara.

Las convicciones bíblicas que atrapaban nuestros corazones no se quedaban en la superficie, ellas se esparcían en todo el terreno de nuestras vidas.

Para Moisés, su mundo comenzó a ponerse de cabeza cuando se combinaron el hambre de conocer a Dios por medio de Su Palabra, el deseo de hacer Su voluntad y el anhelo ferviente de poner en orden su rol como hombre.

Moisés entendía su papel de proveedor y por eso invertía las mejores horas del día en las responsabilidades laborales. La carga ministerial ocupaba sus noches y lo poco que le quedaba lo dedicaba al hogar, especialmente a su hijo. Su relación con Betsy quedaba reducida a trabajar en equipo para mantener el matrimonio a flote. Todo lucía muy lindo si lo veías desde la superficie, pero en el fondo había un desorden desde sus mismas bases.

La Palabra de Dios comenzó a exponer cuán defectuoso era el entendimiento que ambos teníamos sobre el matrimonio. Aunque teníamos cinco años de casados, no comprendíamos qué significaba en realidad ser una sola carne. Funcionábamos de forma independiente en muchas áreas y hasta ese punto no habíamos experimentado una verdadera intimidad emocional. Lo cierto es que nuestros corazones estaban cerrados por asuntos de nuestro pasado.

La falta de transparencia como resultado del temor a confesar pecados pasados que pudieran poner en riesgo la relación, producía una desconfianza que nos movía hacia una apatía silenciosa. Esto no era un asunto muy evidente, pero estaba debajo de la alfombra y nos hacía tropezar muchas veces. Era más fácil voltear la mirada e ignorar al «elefante blanco» que creaba una gran barrera invisible entre nosotros. La verdad es que no sabíamos qué hacer con los trapos sucios que teníamos escondidos. Lo que antes conocíamos del evangelio no nos daba mucha esperanza. Pero todo cambió.

Como te contamos en los capítulos anteriores, para Moisés fue liberador comprender que sus pecados habían sido clavados de una vez y para siempre en la cruz. De manera que ya no tenía nada que esconder. Ya habían sido perdonados y lanzados al fondo del mar cada uno de esos pecados que no quería confesar por temor. Eso hizo que, amparado en la justicia perfecta de Cristo, se acercara a Betsy y le confesara lo que por mucho tiempo tenía guardado. Lo que sucedió después fue algo completamente inesperado.

Dios nos permitió mirarnos mutuamente a los pies de la cruz. Esto abrió un nuevo capítulo en nuestra relación, uno marcado por la gracia y el favor inmerecido de Dios. Ambos experimentamos la libertad de caminar en transparencia y unidad. Un paso valiente de obediencia abrió el camino para que ambos respondiéramos a las convicciones que Dios había colocado en nuestros corazones. ¡Fue tan liberador! No quisiéramos que piensen que esto ocurrió de la noche a la mañana, ni tampoco que ya haya terminado como si fuera un cuento de hadas con final feliz.

Damos gracias a Dios porque el Señor mismo empezó y concluirá la obra que ha empezado en nosotros. Hubo otras áreas en las que

Dios nos confrontó como esposos y que seguimos trabajando juntos y de la mano del Señor. Más adelante te compartiremos cómo hemos visto el poder del evangelio en acción en nuestro matrimonio.

Hubo otro aspecto que fue crucial para Moisés mientras Dios transformaba la dinámica de nuestro matrimonio y su liderazgo en el hogar. En nuestro país hay un dicho que afirma: «los hijos se crían solos». Ese pensamiento que asumíamos casi sin pensarlo fue confrontado con el mandato bíblico al pueblo de Dios cuando estaban en el desierto del Sinaí. Esas palabras atravesaron su corazón y le dieron un vuelco a su entendimiento sobre la responsabilidad con la que debía asumir la crianza de su hijo:

«Escucha, oh Israel, el Señor es nuestro Dios, el Señor uno es. Amarás al Señor tu Dios con todo tu corazón, con toda tu alma y con toda tu fuerza. Y estas palabras que yo te mando hoy, estarán sobre tu corazón; y diligentemente las enseñarás a tus hijos, y hablarás de ellas cuando te sientes en tu casa y cuando andes por el camino, cuando te acuestes y cuando te levantes. Y las atarás como una señal a tu mano, y serán por insignias entre tus ojos. Y las escribirás en los postes de tu casa y en tus puertas» (Deut. 6:4-9)

Este mandato dado por Dios a través de Moisés (el de la Biblia) encomendaba a los padres la gran tarea de recordar a las generaciones siguientes quién era Dios y lo que había hecho por Su pueblo.

Por años Moisés se había enfocado en predicar y discipular a todos los que estuvieran a su alrededor, excepto a los de su casa. Él pensaba que la iglesia era el organismo responsable de guiar a los niños a Cristo y que con «llevarlos fielmente a la iglesia» era más que suficiente. Pero este mandato lo desafió de tal manera que destruyó por completo el error que sostuvo por años.

Dios le dio ojos para ver que su rol como pastor en su hogar era vital para la salud espiritual de su familia. Al igual que el pueblo de Israel, Él tenía que asumir su responsabilidad de mantener vivo el legado de la fe vivo en los suyos. A partir de ese momento, Dios puso una profunda carga en su corazón que le llevó a asumir su rol como líder espiritual de su hogar con sabiduría, pasión e intencionalidad. A partir de ese momento, Él asumió el compromiso de discipular a su hijo y a Betsy. Moisés abría las Escrituras con ellos cada noche, interesándose en la condición espiritual de cada uno y tomando un rol pastoral activo en sus vidas.

¿Ahora entiendes a qué nos referíamos cuando te dijimos que todo se puso de cabeza? Al inicio de esta jornada no teníamos idea del impacto que el evangelio tendría en las áreas más sencillas de nuestras vidas. Dios estaba en el negocio de transformarnos y nosotros deseábamos rendirnos por completo ante la autoridad de Su Palabra.

DIOS ESTABA EN EL NEGOCIO DE TRANSFORMARNOS Y NOSOTROS DESEÁBAMOS RENDIRNOS POR COMPLETO ANTE LA AUTORIDAD DE SU PALABRA.

Pero tenemos que confesar que no siempre fue fácil. Hubo momentos en los que movidos por el gozo dábamos pasos gigantescos y firmes, pero también hubo otros en los que temíamos avanzar porque sentíamos que caminábamos a ciegas solo con los ojos de la fe. Pero en todo el recorrido, entre lágrimas y alegrías, siempre vimos la mano de Dios sosteniéndonos en cada paso seguro o incierto.

Quisiéramos animarte a que no tengas temor de que la luz de la Palabra de Dios ponga de manifiesto que la forma en la que vives no se corresponde a Su voluntad. No tengas miedo de poner tus piezas sobre la mesa para dejar que Dios las ordene conforme a Su voluntad. Aunque parezca que el costo de alinear tu vida a la verdad es muy alto, recuerda que Dios no nos llama a hacer nada para lo cual Él no provea de manera abundante los recursos necesarios para cumplir Sus mandatos. Cree por la fe que Su plan es mejor que el tuyo y que proveerá todo lo que necesites a lo largo del camino conforme a Sus riquezas en gloria (Fil. 4:19).

Lo que tengas que dejar atrás o lo que Dios te llame a abrazar, jamás se comparará con el incomparable valor de Cristo. Él es digno de nuestra obediencia radical y total. Él merece que seamos diligentes en renovar nuestro entendimiento para presentar nuestras vidas como un sacrificio vivo de adoración personal.

«Por consiguiente, hermanos, os ruego por las misericordias de Dios que presentéis vuestros cuerpos como sacrificio vivo y santo, aceptable a Dios, que es vuestro culto racional. Y no os adaptéis a este mundo, sino transformaos mediante la renovación de vuestra mente, para que verifiquéis cuál es la voluntad de Dios: lo que es bueno, aceptable y perfecto» (Rom. 12:1-2, LBLA).

Los moldes de este mundo no producen la satisfacción que publicitan. Abandónalos de una vez por todas y conforma tu vida a la verdad. Esa es la única manera lógica y posible de responder a la buena noticia del evangelio. Aunque hemos puesto el ejemplo de nuestras vidas como un testimonio del obrar de Dios, toma en cuenta que, en la medida en que te rindes a la voluntad de Dios, tu respuesta a asuntos particulares puede lucir completamente diferente a la nuestra. Solo asegúrate de ser fiel con lo que Dios te ha llamado a hacer a ti, fija tus convicciones en la Palabra de Dios y con todo tu corazón a cualquier llamado que te haga en el contexto o etapa de vida en el que te encuentres.

Lo que hemos perdido en todo este caminar de la mano del Señor en obediencia no se compara con lo que hemos obtenido. Mientras más nos hemos rendido, más hemos ganado. En la medida que hemos dejado atrás lo que valorábamos, más nos hemos enriquecido con el tesoro supremo que es Cristo mismo.

A decir verdad, todo lo que Dios ha hecho (y sigue haciendo en nuestras vidas) ha sido de acuerdo con la Palabra de Dios, en el tiempo de Dios y a la manera de Dios. No podemos tomarnos el crédito de los cambios que Dios ha hecho en nosotros, solo hemos seguido Su amorosa guía y disciplina un versículo a la vez.

NO TENGAS MIEDO DE PONER TUS PIEZAS SOBRE LA MESA PARA DEJAR QUE DIOS LAS ORDENE CONFORME A SU VOLUNTAD.

REFLEXIONA

- ¿Estás dispuesto a dejar que la Palabra de Dios ilumine las áreas oscuras de tu vida y la forma en la que te relacionas con los demás?

- ¿Conoces las prioridades de Dios para ti? ¿Existen áreas en tu vida que compiten con estas prioridades?

- ¿Hay pecados que no has sacado a la luz y que debes confesar?

- ¿Cómo el evangelio te está llamando a vivir de una manera contracultural?

- ¿Qué decisiones radicales tienes que tomar para alinear tu vida a la voluntad de Dios?

LA LETRA MATA...

8

«Moisés, ten cuidado, recuerda que la Biblia dice que la letra mata», fue el último mensaje de texto de un amigo muy preocupado por nosotros. Él fue testigo de las decisiones radicales que estábamos tomando y estaba alarmado porque pensaba que nuestras vidas estaban de cabeza. Su inquietud era sincera. Él tenía temor de que nos estuviéramos «secando espiritualmente» producto de nuestro afán por estudiar la Palabra de Dios.

Su mensaje era más un llamado de atención para alertarnos del peligro de analizar y estudiar la Biblia. Él estaba convencido de que su advertencia era necesaria porque así interpretaba las palabras del apóstol Pablo a la iglesia de Corinto: «la letra mata, pero el espíritu da vida» (2 Cor. 3:6b). A decir verdad, no creemos que lo que Pablo estaba diciendo se puede interpretar como lo hacía nuestro amigo. Nosotros realmente estábamos experimentando todo lo contrario. En lugar de sequedad, sentíamos que de nuestro interior brotaban ríos de agua viva (Juan 7:37-39). Sin embargo, al igual que nuestro amigo, antes pensábamos que si nos metíamos entre tanta letra y estudio podríamos llegar al punto de apagar el obrar del Espíritu Santo en nuestras vidas.

No te imaginas las veces que usamos también ese versículo para debatir con los «estudiosos de la Palabra» que cuestionaban nuestras prácticas y creencias. Rechazábamos todo lo que nos parecía muy intelectual o rebuscado bajo la frase que repetíamos sin mayor entendimiento: «la letra mata, pero el espíritu da vida». Hoy miramos atrás y, aunque ambos crecimos en contextos evangélicos diferentes, coincidimos en dos razones por las que pensábamos de esa manera.

La primera es que concluíamos incorrectamente que el estudio profundo de la Palabra de Dios (lo que antes identificábamos como «la letra») y el obrar del Espíritu Santo se oponían. Pensábamos que el mucho estudio de la Biblia nos convertiría en religiosos intelectuales y en fariseos modernos que viven apegados al legalismo. Lo que hacíamos era separar el conocimiento bíblico de la experiencia espiritual.

Por ejemplo, si un hermano tenía una «experiencia sobrenatural» durante un tiempo intenso de ministración, ni siquiera considerábamos importante filtrar por la Escritura lo que había sucedido porque alegábamos que las cosas de Dios no se cuestionaban. Sin darnos cuenta estábamos separando «el obrar de Dios» de «la verdad revelada», es decir, la Biblia. Como si Dios pudiera contradecirse al obrar de una manera y hablar de una manera distinta. ¡Eso es imposible!

Ese tipo de vivencias eran muy normales para Moisés. Fueron tantas las veces en las que durante sus visitas con el «ministerio de liberación» a los hogares, alguna hermana, por ejemplo, alegaba que Dios le había revelado que un cuadro o una pieza decorativa estaba trayendo maldición o enfermedad a esa casa, inmediatamente ellos recomendaban que se desechara para no darle entrada a la influencia de Satanás a esa casa. Esa era la respuesta usual a todo lo que cualquiera dijera que el «Espíritu» le estaba revelando. Si alguien osaba cuestionar (aunque fuera con la mejor de las intenciones) esa práctica con la Biblia, era mal visto, como si estuviera cuestionando a Dios mismo o no tuviera fe.

De hecho, a menudo sosteníamos nuestra postura con ideas como, «Dios no nos ha llamado a estudiar sobre Él, sino a experimentarle íntimamente». El problema con ese tipo de declaraciones es que contrasta las dos ideas de «obra» y «Palabra» como si fueran opuestas. De nada nos sirve estudiar sobre Dios si no nos conduce a conocerlo. Pero, al mismo tiempo, no podremos conocerlo si no lo escuchamos con atención y nos convertimos en estudiantes de Su revelación. Ese es el meollo del asunto y la razón para esa división extrema que no nos permite disfrutar de la presencia y la Palabra de Dios.

No queremos dejar la idea equivocada de que no leíamos la Biblia. Nosotros sí la leíamos y de tapa a tapa, pero nuestro acercamiento era meramente devocional. También debemos aclarar que popularmente la palabra «devocional» se entiende como una lectura bíblica más somera, existencial y hasta más emocional. Pensábamos que la Palabra de Dios no podía someterse a un escrutinio intelectual, porque su naturaleza era espiritual y tenía que ser discernida espiritualmente. Temíamos convertirnos en cristianos teóricos, llenos de conocimiento, pero vacíos de «la presencia de Dios». Ese miedo sincero nos llevó a creer que el mucho estudio era nocivo para nuestra vida espiritual. Por rechazar un extremo, caímos en el otro que es igual de falso.

LA BIBLIA ERA EL MAPA SEGURO PARA EMPRENDER EL VIAJE AL GOZO DE CONOCER A DIOS.

Sí, es cierto que el acercarnos a Dios solo de forma intelectual y como un caso de estudio es una muy mala idea, pero también lo es cuando deseamos «experimentarle» separados del conocimiento que Él ha revelado de sí mismo.

Fue tan liberador cuando entendimos que nuestras experiencias no eran la brújula que dirigía nuestro conocimiento de Dios. Descubrimos el deleite de experimentar Su obrar mientras éramos guiados por lo que Él ha revelado de sí mismo. Lo más importante es que mientras más profundizábamos en la Palabra, más crecía nuestra vida espiritual, nuestro amor por el Señor y Su obra en medio nuestro... y nunca hubo una sola contradicción entre Su obra y Sus palabras.

Ya no necesitábamos ninguna «revelación nueva», la Biblia era suficiente y descubrimos que era el mapa seguro para emprender el viaje al gozo de conocer a Dios. Lo que más nos motivó fue descubrir que Dios mismo nos invitaba a conocerlo y a experimentarlo bajo la guía del Espíritu Santo (Juan 16:13). Sí, era el mismo Espíritu Santo que también tenía la misión de abrir nuestro apetito por la Biblia y guiarnos a la libertad que produce el conocimiento de la Palabra de Dios.

Ya no teníamos miedo de estudiar la Biblia, porque mientras más entendíamos sobre Su carácter y Su plan redentor, más gozo brotaba de nuestros corazones. Esto no es nuevo ni una «revelación nueva». El profeta Jeremías ya lo había dicho cuando fue inspirado por el Espíritu Santo unos dos milenios y medio atrás:

«Esto dice el Señor: no dejen que el sabio se jacte de su sabiduría... pero los que desean jactarse, que lo hagan solamente en esto: **en conocerme verdaderamente** y entender que yo soy el Señor quien demuestra amor inagotable y trae justicia y rectitud a la tierra, y que **me deleito en estas cosas**. ¡Yo, el Señor, he hablado!» (Jer. 9:23-24, énfasis añadido)

Nunca dejaremos de ser estudiantes de Su verdad porque Jesucristo es «la verdad» (Juan 14:6). Ahora somos aprendices o, mejor dicho, discípulos que buscan conocerlo con el fin de amarle, obedecerle, serle útiles y glorificarle con todas nuestras vidas.

Otra de las razones que nos llevó a creer que el mucho estudio de la Biblia podría matarnos espiritualmente era nuestra pobre formación en el conocimiento de las Escrituras. Sabíamos muy bien que el Espíritu Santo es quien da vida (Juan 6:63), pero no le dábamos el mismo énfasis al hecho cierto de que inspiró la Escritura. No tomábamos en cuenta las palabras del apóstol Pedro en una de sus cartas cuando dijo que el Espíritu Santo es el autor de la Biblia.

«Pero ante todo sepan esto, que ninguna profecía de la Escritura es asunto de interpretación personal, pues ninguna profecía fue dada jamás por un acto de voluntad humana, sino que hombres inspirados por el Espíritu Santo hablaron de parte de Dios». (2 Ped. 1:20-21)

La Biblia es la revelación de Dios inspirada por el Espíritu Santo. Su importancia es suprema porque Él nos ha dejado revelado Su carácter y Su plan de redención. Jesús les dijo a Sus discípulos que el Espíritu Santo tenía una tarea fundamental y prioritaria al recordarles y guiarles a la verdad:

«Aún tengo muchas cosas que deciros, pero ahora no las podéis soportar. Pero cuando Él, el Espíritu de verdad, venga, os guiará a toda la verdad, porque no hablará por su propia cuenta, sino que hablará todo lo que oiga, y os hará saber lo que habrá de venir» (Juan 16:12-13, LBLA).

El apóstol Pablo también confirmó que lo que escribía a las iglesias era la enseñanza activa del Espíritu Santo:

«Y nosotros hemos recibido, no el espíritu del mundo, sino el Espíritu que viene de Dios, para que conozcamos lo que Dios nos ha dado gratuitamente, de lo cual también hablamos, no con palabras enseñadas por sabiduría humana, sino con las enseñadas por el Espíritu, combinando pensamientos espirituales con palabras espirituales» (1 Cor. 2:12-13).

Era maravilloso saber que el Espíritu Santo es el autor divino de toda la Biblia. Eso nos llevaba a reconocer que ¡no hay competencia entre el obrar del Espíritu y Su verdad revelada! Dios usa Su Palabra para proveer la fe que el Espíritu Santo da para salvar (Rom. 10:17) y para equipar a los creyentes para toda buena obra (2 Tim. 3:16). Por lo tanto, es un gran error el pensar que el estudio de la Palabra de Dios y el obrar del Espíritu se oponen entre sí.

**¡No hay competencia entre el obrar
del Espíritu y Su verdad revelada!**

Otra razón adicional por la que usábamos este texto de forma incorrecta era porque sencillamente no entendíamos su significado. No tomábamos en cuenta el contexto en el que fue escrito, ni siquiera leíamos la porción completa donde se encontraba la frase «la letra mata y el espíritu vivifica». Fue muy revelador descubrir que bastaba con leer versículos anteriores y posteriores para entender su verdadero significado. Acompáñanos por este pasaje y hagamos el ejercicio de buscar su significado. Leamos desde el inicio del capítulo:

«¿Comenzamos otra vez a recomendarnos a nosotros mismos? ¿O acaso necesitamos, como algunos, cartas de recomendación para vosotros o de parte de vosotros? Vosotros sois nuestra carta, escrita en nuestros corazones, conocida y leída por todos los hombres, siendo manifiesto que sois carta de Cristo redactada por nosotros, no escrita con tinta, sino con el Espíritu del Dios vivo; no en tablas de piedra, sino en tablas de corazones humanos» (2 Cor. 3:1-3, LBLA).

Pablo estaba demostrando la autenticidad de su apostolado a la iglesia en Corinto porque estos creyentes estaban siendo influenciados por

¡NO HAY COMPETENCIA ENTRE EL OBRAR DEL ESPÍRITU Y SU VERDAD REVELADA!

judaizantes que predicaban un evangelio falso y cuestionaban la autoridad del apóstol. Por eso Pablo hace una comparación entre el pacto de la ley (la letra) y el pacto de la gracia (el Espíritu). Esto tenía la finalidad de mostrar la gloria mayor del nuevo pacto sobre el antiguo pacto.

Pablo usa esa pregunta retórica para ayudarlos a ver que el Espíritu Santo había transformado sus vidas, convirtiéndolos en testimonios vivos. En otras palabras, eran cartas de Cristo en las que la verdad de este nuevo pacto había sido estampada. Entonces continúa diciendo:

«Y esta confianza tenemos hacia Dios por medio de Cristo: no que seamos suficientes en nosotros mismos para pensar que cosa alguna procede de nosotros, sino que nuestra suficiencia es de Dios, el cual también nos hizo suficientes como ministros de un nuevo pacto, no de la letra, sino del Espíritu» (2 Cor. 3:4-6a, LBLA).

Pabló presentó el testimonio de los creyentes como una evidencia de la obra de Dios que validaba así la veracidad de su llamado como ministro del nuevo pacto. Esperamos que nos hayas podido seguir hasta aquí. Pablo contrastó los dos pactos con el fin de silenciar a los falsos maestros que estaban tratando de opacar el evangelio y el nuevo pacto que Cristo instauró. Lo que Pablo buscaba era animar a la iglesia a enfocarse en el nuevo pacto en Jesucristo que los había salvado. El fundamento para su argumento es precisamente la frase que usábamos incorrectamente:

«porque la letra mata, pero el Espíritu da vida» (2 Cor. 3:6b).

Por primera vez pudimos comprender que «la letra» apuntaba a la ley perfecta de Dios que nos condenaba porque, al ser pecadores, éramos incapaces de cumplir lo que nos exigía. Esa «letra o ley» ponía en evidencia que éramos merecedores de la muerte porque éramos incapaces de cumplirla. Por otro lado, entendimos que «el espíritu que da vida» señalaba al nuevo pacto eterno, el cual nos vivifica y libera por medio de la gracia inmerecida de Dios a través del sacrificio de Cristo.

Nos parecía increíble que un simple ejercicio de lectura comprensiva nos ayudaría a aclarar nuestro error. De seguro te has dado cuenta de que la lectura de la Biblia no queda reducida a considerar un versículo, como si Dios nos hablara con pequeñas píldoras o frases cortas, sino que el Señor ha dejado un mensaje al que hay que prestarle atención de principio a fin para poder entenderlo y ponerlo en práctica. ¡Cuánto nos estábamos perdiendo por quedarnos en la superficie al leer la Biblia!

Esta experiencia se repitió una y otra vez hasta el punto de que nuestra vida en todas sus áreas fue puesta de cabeza, como lo temía nuestro amigo, pero no era para mal, sino para nuestro bien. Esto se sigue repitiendo cada vez que abrimos las Escrituras porque,

«... como está escrito:
"Cosas que ojo no vio,
Ni oído oyó,
Ni han entrado al
Corazón del hombre,
Son las cosas que Dios
Ha preparado para
Los que lo aman".
Pero Dios nos las reveló por medio del Espíritu, porque el Espíritu todo lo escudriña, aun las profundidades de Dios. [...] Y nosotros hemos recibido, no el espíritu del mundo, sino el Espíritu que viene de Dios, para que conozcamos lo que Dios nos ha dado gratuitamente» (1 Cor. 2:9-10, 12).

Sentíamos tanto gozo al descubrir las verdades de la Palabra de Dios y al rendimos por completo a su autoridad. Sabíamos que necesitábamos rendir nuestras incongruencias teológicas y nuestro orgullo ministerial para estar dispuestos a desaprender el error y abrazar la verdad.

Tan profundo era nuestro entusiasmo espiritual que éramos los primeros en llegar a las clases en nuestra iglesia y no parábamos de estudiar en casa. Pero un día las cosas cambiaron. Moisés fue sorprendido con una llamada del mismo hermano del primer capítulo (el que confrontó nuestras creencias con la Biblia). Él lo invitó a una conferencia de pastores fuera del país y cubrió todos sus gastos. Esa experiencia marcó un antes y un después en nuestras vidas. El Moisés que se montó en ese avión no fue el mismo que regresó. Su corazón fue capturado al presenciar una multitud de hombres fieles a la Escritura. Él estaba acostumbrado a asistir a eventos centrados en la figura o elocuencia de un hombre, pero esta vez era muy diferente. Él nunca había presenciado a tanta gente compartir el mismo anhelo ferviente de ser fieles a la Palabra de Dios.

En ese viaje conoció a otros hermanos que, movidos por nuestro testimonio, nos propusieron apoyarnos económicamente para poder asistir a una academia ministerial en nuestro país. Ellos querían ayudarnos a construir un fundamento doctrinal sólido y saludable.

Su propuesta nos movió el piso porque si aceptábamos teníamos que mudarnos de la ciudad, alejarnos de nuestras familias y renunciar a nuestros trabajos y fuentes de ingreso. La ayuda cubría el alojamiento, los gastos de estudio y un presupuesto muy limitado para nuestras necesidades por un año. No fue fácil tomar esta decisión, pero el hambre que teníamos de conocer a Dios y Su Palabra nos impulsó a contar cómo pérdida todo lo que atesorábamos (Fil. 3:8).

Sabíamos que Dios estaba deconstruyendo lo que éramos hasta ese momento, pero no nos imaginábamos que nos demandaría absolutamente todo. Dios orquestó las circunstancias a nuestro alrededor para guiarnos y vimos Su mano hasta en el más mínimo detalle. Durante ese tiempo aprendimos a «escoger la buena parte» de estar sentados a los pies del Maestro, aunque esto signifique vivir con menos y experimentar el gozo de un corazón contento aun en medio de la escasez material.

Mientras Moisés cursaba esa maestría en estudios teológicos, Dios nos dio muchas lecciones espirituales que no solo ocurrieron dentro de las aulas. Los pastores a cargo del programa académico nos modelaron con sus vidas lo que enseñaban detrás del púlpito en la academia y en la iglesia local. La formación que estábamos recibiendo no era meramente teórica, doctrinal o teológica, sino que la veíamos en acción en la intimidad de los hogares de estos hombres y sus familias. Moisés siempre llegaba a casa entusiasmado después de cada clase y con un montón de enseñanzas. Él aprendía durante el día y durante la noche le enseñaba a Betsy. Ella a su vez le enseñaba a Josué lo que el pequeño podía ir asimilando.

Es verdad, para muchos, como para nuestro amigo, nuestras vidas lucían de cabeza, pero nunca nos habíamos sentido más firmes en la verdad. Quizás ahora entendíamos a Pablo cuando decía: «Porque si estamos locos, es para Dios...» (2 Cor. 5:13). Dios fue alineando las diferentes áreas de nuestras vidas, poniendo en orden nuestras prioridades y corrigiendo nuestro entendimiento sobre Su carácter, plan redentor, nuestro llamado como creyentes, nuestros roles como esposos y padres, nuestro entendimiento de la iglesia local y muchísimas áreas más.

Los meses pasaron mientras desaprendíamos y aprendíamos hasta que Moisés terminó el programa. Regresamos a la ciudad, sin la más mínima idea de qué vendría después. Pensábamos que ahora que cerrábamos el capítulo de los estudios teológicos, entonces estábamos listos para enrolarnos en el servicio de nuestra iglesia local. Moisés también se reinsertó en el mercado laboral. Betsy se dedicó a su casa mientras servía como voluntaria en el ministerio Aviva Nuestros Corazones (de eso te contaremos más adelante). En fin, pensábamos que todo había vuelto a la normalidad, pero lo que no sabíamos era que ese había sido solo un ensayo para lo que el Señor tenía preparado para nosotros más adelante.

Ya habían pasado cuatro años. Moisés no podía contener el llamado que Dios puso en su corazón y que le llevaba a anhelar dedicarse por completo al servicio al Señor. Él le externó su inquietud a uno de nuestros pastores y ambos acordaron orar al respecto. Él le aconsejó a Moisés con las siguientes palabras: «veamos a Dios obrar y sigamos Su dirección».

La respuesta de Dios no se hizo esperar. Solo una semana más tarde, el pastor recibió una llamada para pedir una recomendación para Moisés de parte de un seminario internacional que deseaba otorgarle una beca para que estudie una maestría en Divinidad. Sencillamente no podíamos creer que esa era la ruta en la que Dios nos estaba encaminando. También se requería de mucha fe para aceptar ese reto, pero ya Dios nos había entrenado y sabíamos que, así como Él nos sostuvo en el pasado, nos sostendría en esta nueva aventura.

Para hacer la historia corta, aceptamos la beca. Dejamos todo lo que era familiar para nosotros porque estábamos convencidos de que este tiempo nos serviría para poner un fundamento aún más sólido en la labor ministerial a la que Dios nos estaba llamando. Quisiéramos contarte los testimonios de la guía y la provisión de Dios, pero por la limitación del espacio, solo podemos decirte que no nos faltó absolutamente nada. ¡Él se encargó de cada detalle mientras recorríamos el camino!

No hemos parado de escudriñar y de equiparnos para la obra que Él nos ha llamado a hacer desde el mismo momento en que Dios nos mostró que el estudio de Su Palabra en lugar de matarnos, nos vivificaría. Nuestra vida espiritual creció, no hemos dejado de ver obrando al Señor de forma misericordiosa y abundante, pero también ahora entendemos por qué Pablo le aconsejó a Timoteo que tenga cuidado de sí mismo y de la doctrina. Sin duda somos más eficaces en las manos del Señor cuando conocemos el corazón del Dios que obra a través de lo que ha revelado de Él mismo en Su Palabra.

Aunque Dios nos llevó a estudiar teología de manera formal, queremos aclarar algunos malentendidos que nosotros también aclaramos a lo largo del camino sobre el estudio de las Escrituras. En primer lugar, muchos creen que el estudio bíblico más allá del devocional es solo para personas que se dedican al ministerio. Ese es un grave error, todo creyente ha sido llamado por Dios a manejar la Palabra con precisión (2 Tim. 2:15-16). Estudiar con seriedad las Escrituras es responsabilidad de todos los cristianos sin distinción.

En segundo lugar, muchos usan la frase «no vayas al "cementerio" teológico» para desanimar a los que quieren estudiar en un seminario. Sin embargo, los seminarios teológicos son una gran bendición. Si tienes la oportunidad de capacitarte, no dudes en hacerlo. Pero recuerda que tu formación teológica principal proviene de tu iglesia local. No menosprecies la enseñanza que recibes de tus pastores y líderes.

La iglesia local es el lugar perfecto para estudiar la Biblia. Lo importante es que allí no solo vas a recibir conocimiento, sino que vas a ser desafiado a ponerlo en práctica en tu vida diaria. No debemos olvidar que el llamado de nuestro Señor Jesucristo es a «hacer discípulos» y ese discipulado involucra primeramente ser enseñados en guardar «todo» lo que Él ha mandado (Mat. 28:19-20). Si tu iglesia no tiene un programa de enseñanza, acércate a tus líderes o a un hermano maduro en la fe y pídeles que te discipulen y te enseñen a estudiar tu Biblia. Esa experiencia te enriquecerá mucho más de lo que te imaginas. No consideres el estudio bíblico como algo que recibes de forma pasiva. No lo veas como si fueras un comensal que espera ser servido por un chef. Abre tu mismo la Biblia y pídele al Espíritu Santo, Su autor, que abra tu entendimiento y disponte a leerla de forma continua y de principio a fin. Así como un niño va aprendiendo mientras va prestando atención a sus maestros y pasa de lo más simple a lo complejo, así también irás aprendiendo mientras estudias con dedicación la Biblia. Lee con atención, subraya, anota y conecta lo que lees con su contexto. La enorme cantidad de recursos gratuitos de estudio bíblico en línea te deja sin excusa para iniciar tu propia aventura con la Biblia.

La Palabra de Dios es una fuente inagotable de conocimiento y para los cristianos que gozamos de las bendiciones de la redención en Cristo, sus palabras son:

«... deseables más que el oro;
sí, más que mucho oro fino,
más dulces que la miel y que el destilar del panal.
Además, Tu siervo es amonestado por ellos;
en guardarlos hay gran recompensa»
(Sal. 19:10-11).

Nunca seremos expertos ni jamás nos graduaremos del estudio de la Biblia porque es un tesoro sin fin. Imagínate, Jesús dijo: «El cielo y la tierra pasarán, pero Mis palabras no pasarán» (Mat. 24:35). Esta jornada no ha terminado, ni terminará. Vamos sin prisa pero sin pausa, esperando el día cuando nos encontremos cara a cara con nuestro Señor y entonces entenderemos a plenitud toda Su revelación (1 Jn. 3:2).

Mientras llega ese día, oramos con el apóstol Pablo para que Dios nos dé pleno conocimiento de Su voluntad y que nos conceda sabiduría y comprensión espiritual para honrarlo y agradarle a fin de que nuestras vidas produzcan buenos frutos mientras lo conocemos cada día más y más (paráfrasis de Colosenses 1:9b-11).

REFLEXIONA

- ¿Cómo te ayudó este capítulo a pensar diferente sobre el estudio bíblico?

- ¿Puedes explicar en tus propias palabras lo que Pablo quiso decir cuando dijo: «la letra mata, más el espíritu da vida»?

- ¿Qué lugar ocupa el estudio de la Palabra de Dios en tu vida?

- ¿Qué cambios harás a partir de ahora para comprometerte a estudiar la Biblia con seriedad?

UNA RESPUESTA COHERENTE: EL EVANGELIO EN EL MATRIMONIO

9

No podíamos creer que estábamos frente a frente en el altar. La emoción era tan intensa que sentíamos que estábamos parados sobre una nube. Sonreíamos y no salíamos del asombro, hasta que el pastor nos pidió pronunciar nuestros votos. «¿Votos? ¿cuáles votos?», —pensamos. ¡Ninguno de los dos se había preparado para ese momento! Ambos nos preguntamos con los ojos: «¿qué vamos a hacer ahora?». Moisés hizo algo que se le daba con mucha facilidad: ¡improvisar! Él prometió amor hasta la muerte y Betsy, con una sonrisa nerviosa, llenó el silencio con promesas de amor que elaboró en ese instante.

Al mirar hacia atrás nos causa risa recordar que habíamos preparado una gran celebración para unir nuestras vidas, pero ni siquiera habíamos pensado lo que nos prometeríamos el uno al otro. Sabíamos que nos amábamos y que deseábamos pasar el resto de nuestras vidas juntos, pero no teníamos ni la más mínima idea de las repercusiones de un pacto matrimonial y mucho menos de cómo «hasta que la muerte los separe» luciría en el día a día.

Ese momento ilustra muy bien la razón para muchas de las dificultades que vivimos en nuestros primeros años de casados. Sabíamos que el matrimonio consistía en caminar juntos, pero no sabíamos cuál era la meta que teníamos que alcanzar, ni tampoco cómo llegaríamos allí.

Era de esperarse que las promesas improvisadas en el altar no encontraran asidero en nuestros corazones cuando las dificultades empezaron a tocar a nuestra puerta. No teníamos un fundamento seguro con el que sostenernos cuando nuestro orgullo era herido y nuestras expectativas quedaban insatisfechas. Nuestra casa lucía en orden desde afuera, pero en realidad todo estaba de cabeza. Nuestra relación se había convertido en poco tiempo en un enredo de casos no resueltos.

Cada vez que tratábamos de desenmarañar nuestros conflictos nos dábamos cuenta de que no teníamos las herramientas para lidiar con nuestro desorden. Cometimos el error de pensar que podíamos reparar nuestro matrimonio por nosotros mismos y eso nos llevó a un camino sin salida. Muy pronto descubrimos que era imposible y cuando perdimos la esperanza en nosotros mismos fue que entendimos que teníamos que ponerla en alguien superior: en Cristo. Este reenfoque nos permitió entender que la misma buena noticia que nos salvó, también traería orden, no solo a nuestra relación con Dios, sino también a nuestra relación como esposos.

Esta verdad nacida del evangelio no hizo clic en nuestro matrimonio de la noche a la mañana. Mientras más nos exponíamos a las Escrituras, más entendíamos sobre el plan de redención y el carácter de Dios. La Palabra de Dios también producía un cambio en lo más profundo de nuestro corazón y nos hacía anhelar con más fuerza el someter todas las áreas de nuestras vidas al señorío de Cristo. Pero, a decir verdad, preferíamos obviar el pasado y mirar hacia delante, en lugar de dar la cara para resolver nuestros asuntos pendientes. A veces nos preguntábamos: «¿para qué mirar atrás si ya Dios perdonó todas nuestras ofensas? ¿Para qué desenterrar muertos que pertenecen al pasado? ¡Dejémoslos ahí y sigamos adelante!».

Sin embargo, el Espíritu Santo nos proveyó la convicción de la importancia de someter absolutamente todo a la luz de Su verdad. Él nos ayudó por Su sola gracia a mirar al «elefante en la habitación» con esperanza en Dios y con la certeza de que no existe un problema tan grande que no pueda enfrentarse y derrotarse con la extraordinaria gracia de Dios.

Cuando nos pusimos los lentes del evangelio, para ver nuestra realidad como la ve nuestro Señor, es que pudimos apreciar con claridad lo que sucedía entre nosotros. Ya era tiempo de que toda la teología que estábamos aprendiendo diera fruto en la intimidad de nuestro hogar. Poco a poco comenzamos a notar la desconexión que había entre lo que habíamos recibido a través de la obra de Cristo a nuestro favor y lo que nos estábamos dando el uno al otro. Reconocíamos que éramos pecadores indignos, necesitados de Su perdón cuando se trataba de nuestra relación con Dios. Sabíamos que en Él encontraríamos la gracia que necesitábamos en el momento de la debilidad. Pero éramos como dioses decepcionados y airados cuando tenía que ver con nuestra relación mutua. Estábamos listos para condenar el pecado del otro y cerrar la puerta hasta que se haya pagado hasta el último centavo que se debía. Simplemente no éramos coherentes.

Por ejemplo, Moisés se llenó de valor para confesar los pecados que cometió en los primeros años del matrimonio. Él nunca se había atrevido a abrir su corazón ante Betsy porque temía su reacción. Él no quería herirla, pero sabía que debía ser sincero. En lugar de encontrar gracia y perdón, recibió de Betsy todo lo contrario. Entonces, él simplemente se guardó todo a partir de ese momento para no complicar las cosas. No estuvo dispuesto a caminar en la luz.

Todo terminaba en el mismo ciclo. Dios nos daba Su gracia abundante, pero no éramos tan desprendidos y generosos cuando se trataba de darla entre nosotros o a otros. Era mucho más fácil vernos solo como receptores del favor inmerecido de Dios, pero eso no hacía que asumiéramos el costo de extender gracia cuando uno pecaba contra el otro. La razón por la que caímos en esa espiral descendente fue porque no valorábamos el precio de la gracia de Dios derramada sobre nosotros a través de la vida, muerte y resurrección de nuestro Señor Jesucristo.

Pero Dios no nos dejó con esa actitud equivocada que dejaba nuestras vidas estériles. Él nos señaló nuestra incoherencia a través de Su Palabra y renovó nuestro entendimiento sobre el propósito de Su gracia. Comprendimos que la provisión de la gracia es un caudal que no puede estancarse en nosotros mismos, sino que fluye de forma abundante de Dios a nosotros y no debe quedarse allí. Como dijo Jesús, «de gracia recibisteis, dad de gracia» (Mat. 10:8b).

LA PROVISIÓN DE LA GRACIA ES UN CAUDAL QUE NO PUEDE ESTANCARSE EN NOSOTROS MISMOS

Por lo tanto, esa misma gracia recibida no se agota en nosotros, sino que debe continuar desde nosotros a otros.

Así fue como comenzamos a aprender las consecuencias y repercusiones prácticas de las verdades más básicas de la fe cristiana en la arena del matrimonio. Por eso las cartas del apóstol Pablo han sido (y siguen siendo) cruciales para conectar las verdades que nos definen en Cristo con la manera en la que somos llamados a vivir en todas las áreas. La carta a los Colosenses nos impactó de forma particular porque conecta estas dos realidades de manera súper práctica.

Pablo, a lo largo del mensaje que desarrolla en la carta, conecta la supremacía de Cristo, la centralidad de Su obra y la vida de los creyentes. Él resalta desde los primeros versículos la forma en que la esperanza en el evangelio produce cambios visibles (Col. 1:4-6). Luego enseña que el conocimiento y la sabiduría bíblica dan como resultado frutos (obras) que agradan a Dios (Col. 1:9-10). Nos alentó mucho entender que la buena noticia de salvación no solo cambia nuestra posición frente a la eternidad, sino que también transforma nuestra vida cotidiana hoy mismo.

El punto que necesitábamos entender era que el evangelio nos estaba llamando a la acción en el área más vulnerable de nuestra relación, pero no en nuestras fuerzas, sino en el poder del Cristo resucitado.

Pablo continúa hablando en el capítulo siguiente de su interés de visitar a los colosenses para enseñarles más del misterio de Dios, es decir, de nuestro Señor Jesucristo (Col. 2:1-3), con el fin de que ellos vivieran a la luz de su obra, «firmemente arraigados y edificados en Él y confirmados en su fe, tal como fueron instruidos, rebosando de gratitud» (Col. 2:7).

Si sigues el hilo del pensamiento paulino y no solo versículos aislados, podrás entender que el conocimiento sano de la obra de Cristo (las buenas nuevas del evangelio) no es pasivo. Lo que queda absolutamente claro

LA BUENA NOTICIA DE SALVACIÓN NO SOLO CAMBIA NUESTRA POSICIÓN FRENTE A LA ETERNIDAD, SINO QUE TAMBIÉN TRANSFORMA NUESTRA VIDA COTIDIANA es que el evangelio no admite división alguna entre la teoría y la práctica. Por eso, en la medida en la que comprendemos la gracia de Dios, nos vemos movidos a obedecer al estar amparados por esa misma gracia poderosa en Cristo. Cuando llegamos al tercer capítulo de la carta a los colosenses, Pablo les recuerda su identidad en Cristo y les enseña cómo esos rasgos particulares nos llaman a una nueva manera de vivir particular. Pablo no duda en desarrollar esa identidad nueva en Cristo con lujo de detalle:

«como escogidos de Dios, santos y amados, revestíos de tierna compasión, bondad, humildad, mansedumbre y paciencia; soportándoos unos a otros y perdonándoos unos a otros, si alguno tiene queja contra otro; como Cristo os perdonó, así también hacedlo vosotros. Y sobre todas estas cosas, vestíos de amor, que es el vínculo de la unidad» (Col. 3:12-14, LBLA).

Si esas cualidades destacadas por el apóstol hubiesen sido un examen para nuestro matrimonio... ¡sin duda hubiésemos reprobado! Antes de que Pablo les dijera cómo relacionarse unos con otros, él les recuerda quienes eran en Cristo: «escogidos de Dios, santos y amados» (Col. 3:12a). Lo que él estaba haciendo es básicamente retarlos a actuar de forma congruente con su identidad en Cristo. Esa era la conexión que habíamos dejado de lado y que nosotros necesitábamos establecer con urgencia y de una vez por todas. La nueva identidad que recibimos en Cristo no es solo para que la celebremos en alabanza en la iglesia (lo cual es necesario), sino que viene acompañada de un llamado irrenunciable a la acción.

Podría hasta sonar muy elemental y hasta obvio porque es posible que lo sepamos bien, pero como hemos dicho, el problema es no llevarlos a la práctica. Por eso estos versículos nos enseñaron que necesitábamos dar a nuestro cónyuge lo mismo que hemos recibido en Cristo: bondad, perdón, gracia y compasión. Las palabras de Pablo son demasiado precisas como para obviarlas: «como Cristo os perdonó, así también hacedlo vosotros» (Col. 3:13b, LBLA).

Muchas de nuestras discusiones y malestares en el matrimonio venían como resultado de no entender que nuestra nueva identidad en Cristo dicta claramente la manera como debemos tratarnos. Solo si vivimos a la luz de nuestra nueva identidad en Cristo podremos cultivar una relación marcada por la humildad, la mansedumbre, la paciencia, la compasión, la gracia y el amor.

Todas esas cualidades y acciones de seguro te suenan imposibles de alcanzar. No te negamos que también lo pensamos. Sin embargo, para que eso sea una realidad en nuestras vidas, primero necesitamos considerar quiénes éramos antes cuando estábamos muertos en nuestros delitos y pecados. Tenemos que recordar nuestra condición sin Cristo porque necesitamos creer que, en Cristo, Dios nos amó, nos escogió para hacernos Sus hijos, nos dio una nueva vida y nos santificó. Esa nueva identidad no solo nos define delante de Dios, sino que también nos demuestra que estamos capacitados para agradarle.

El ejercicio de recordar nuestra condición pasada sin Cristo y el milagro de la salvación y la transformación que hemos recibido nos nivela junto a nuestro cónyuge y nos pone a los dos a los pies de la cruz. Es nuestra nueva identidad que nos informa que estamos capacitados por el Espíritu Santo para vivir de acuerdo con nuestra nueva naturaleza y ahora somos capaces de dar abundantemente de lo que hemos recibido en Cristo.

La santidad de Cristo es la que nos define. Su vida en nosotros es la que produce el fruto que agrada a Dios. Ahora podemos revestirnos del carácter de Cristo porque solo Él nos ha otorgado una nueva naturaleza.

«revestíos de tierna compasión, bondad, humildad, mansedumbre y paciencia; soportándoos unos a otros y perdonándoos unos a otros, si alguno tiene queja contra otro; como Cristo os perdonó, así también hacedlo vosotros. Y sobre todas estas cosas, vestíos de amor, que es el vínculo de la unidad». (Col. 3:12b-14, LBLA)

Cuando improvisamos nuestros votos en el altar no pensamos en nada de esto. Sí, prometimos amor en las buenas y en las malas, pero en el fondo solo estábamos pensando en unas pocas situaciones de dificultades leves y externas a nuestro comportamiento. Claro que nos amaríamos en medio de circunstancias difíciles fuera de nuestro control, pero ¿qué de las situaciones dolorosas provocadas por nosotros mismos? En realidad, nuestras promesas estaban condicionadas, el amor no era realmente «hasta que la muerte nos separe», sino, más bien, hasta que el corazón o la confianza fueran lastimados.

No fue hasta que Betsy saboreó la dulzura del perdón ante lo amargo de su propio pecado, que ella pudo reconocer que su falta ante Dios era muchísimo más grave que las faltas de Moisés contra ella. Ella necesitaba vivir a la luz de la verdad de su identidad en Cristo. Dios la escogió para hacerla Su hija a pesar de ser Su enemiga rebelde y contumaz. La obra en la cruz hizo posible que ahora ella esté en paz con Dios y ahora el deseo de Dios es santificarla y amarla. ¿Qué más puede pedir?

Ella comprendió finalmente que estaba completa en Cristo. Ella tenía todo lo que necesitaba en Cristo, por lo que su identidad ya dejó de tambalearse sobre la idea de una vida y un esposo perfectos. A partir de ese momento, fue libre para darle a Moisés lo que ella había recibido: bondad, perdón, gracia y compasión. Moisés también comenzó a vivir en la luz de su identidad en Cristo, de manera que ambos comenzamos a caminar conforme a nuestra nueva identidad.

A partir de ese momento nuestra relación fue contagiada por la gracia de Dios. Todo comenzó realmente a cambiar. J. A. Packer lo dijo de esta manera: «No hay necesidad más urgente en la cristiandad que la de una conciencia renovada de lo que realmente es la gracia de Dios».[1] La arena del matrimonio es un escenario ideal para que el perdonado perdone y para que el que ha recibido gracia la extienda una y otra vez. Ahora vivimos de manera práctica las bondades que hemos recibido por medio de la obra de Cristo.

La respuesta coherente al evangelio en el matrimonio: dar al cónyuge lo que hemos recibido de Dios.

Es probable que sigas pensando: «¿cómo puedo vivir de esa manera?»; o te estás diciendo por dentro: «¡por más que lo intento no logro responder de esa forma con mi cónyuge!». No te desanimes porque

---

[1] J.I. Packer, *God's Words* (Downer's Grove, IL: InterVarsity Press, 1981), 95-96.

tenemos una buena noticia para ti. Quisiéramos que puedas considerar algo que hemos estado diciendo entre líneas durante todo este capítulo: Dios no nos pide que desarrollemos estas virtudes por nosotros mismos. ¡Ese ha sido uno de los alivios más grandes en nuestro caminar de fe! Es imposible generar estas cualidades por nosotros mismos, pero es absolutamente posible para Dios.

En lugar de tratar de «fabricar» la paciencia, lo que necesitamos es contemplar cuánta paciencia hemos recibido de parte de Dios, creer por la fe que Cristo es poderoso para producir el fruto de la paciencia en nosotros y asirnos de Su vida en nosotros para producir el milagro de la obediencia por la fe. Esto es completamente opuesto a todo lo que creíamos y hacíamos en el pasado.

Antes de tener claridad sobre el llamado de vivir a la luz de nuestra identidad en Cristo, nosotros intentábamos en nuestras propias fuerzas producir el fruto que solo el Espíritu Santo garantiza. Por ejemplo, evitábamos a toda costa todo tipo de confrontación con el fin de mantener la paz entre nosotros. Aunque tratábamos de no irritarnos ante nuestras faltas, nuestra mecha era corta y explotábamos cuando no tolerábamos la presión. Por más que intentábamos, nuestro orgullo ahogaba todo deseo de cambiar. Al final del día, nuestros esfuerzos eran estériles y si somos sinceros, hasta se sentían fingidos; por más que tratábamos en nuestras fuerzas, ningún esfuerzo nos llevó a experimentar la verdadera libertad a la que Dios nos llamó a vivir.

LA RESPUESTA COHERENTE AL EVANGELIO EN EL MATRIMONIO: DAR AL CÓNYUGE LO QUE HEMOS RECIBIDO DE DIOS.

Ahora es completamente diferente. En lugar de mirar nuestra incapacidad de vivir a la luz del evangelio, miramos a Cristo. Él vive en nosotros y nos da la victoria cuando creemos que Él nos ha provisto de todo lo que necesitamos para agradarle. Esta tremenda convicción que surge del evangelio revelado en las Escrituras hace que actuamos de forma consecuente con esa realidad espiritual en Cristo.

Otro aspecto que nos ayuda a ser coherentes y a limar las asperezas del día a día es recordar que ninguno de los dos ha sido promovido al nivel de «ángel». Somos pecadores redimidos. Una vez más, este es un concepto muy básico, pero sumamente importante. A la hora de la verdad, cuando hay que recoger la toalla mojada del piso por enésima vez o cuando un malentendido impone la ley del hielo (trato indiferente al otro), tendemos a ver el pecado del otro más grande y se nos olvida que ninguno es más santo o pecador que el otro.

Esa verdad nos ha ayudado a tener expectativas realistas y a reducir nuestro nivel de decepción. El evangelio nos provee un panorama realista de nuestro matrimonio al recordarnos que ambos somos pecadores en urgente necesidad de la gracia de Dios. Dave Harvey lo explica con mucha precisión:

«La cruz hace una declaración sorprendente acerca de los maridos y mujeres: que somos pecadores cuya única esperanza es la gracia».[2]

Por lo tanto debemos iniciar con una expectativa correcta de quiénes somos a la hora de aplicar el evangelio en nuestro matrimonio. Somos pecadores y desafortunadamente los pecadores vamos a pecar mientras vivamos en la dinámica del matrimonio (Rom. 3:23).

El tener expectativas correctas nos ha ayudado muchísimo a reducir la frustración y la decepción. En lugar de alarmarnos o airarnos cuando nos enteramos de que nuestro cónyuge ha pecado, recordamos las verdades del evangelio que nos animan a responder con misericordia y a caminar hacia la restauración. Responder de esa manera no es fácil y en ocasiones requerirá del acompañamiento bíblico de otros creyentes, pero es la única manera coherente de responder al arrepentimiento bíblico de nuestro cónyuge.

Solo somos pecadores, pero estamos en proceso de santificación, salvados por la gracia de Dios, receptores de Su perdón y encomendados a mostrar Su gloria a través de nuestra unión.

Otro de los beneficios de aplicar el evangelio en nuestro matrimonio es que nos ha servido para luchar juntos contra nuestro pecado

---

[2] Harvey, Dave. Cuando pecadores dicen «acepto», 38.

particular. En una ocasión, Moisés, luego años de victoria ante la pornografía, tuvo la tentación de recaer en ese pecado. Sin embargo, en lugar de ocultarse, llamó a Betsy por teléfono, le compartió su lucha y le pidió que orara por Él. Ya no batallamos solos con nuestros pecados. La lucha era ahora de ambos porque éramos libres de ser transparentes con respecto a nuestro pecado. Eso abrió la puerta para que Betsy también fuera sincera en cuanto a sus propias luchas.

Ahora las preguntas que caracterizan nuestras conversaciones son: ¿con qué estás luchando? ¿Cómo puedo ayudarte a vencer tu pecado? ¿Qué verdad de Dios te ayuda a vencer esa batalla?

Una cultura de gracia nos sigue enseñando aún hoy que podemos presentarnos delante de Dios y el uno al otro tal como realmente estamos, porque lo que nos define es la obra perfecta de Cristo en nuestro lugar. En el momento en que los celos, la envidia, la amargura o la ingratitud quieren atrapar nuestros corazones, podemos considerar nuestro matrimonio como un lugar seguro para la confesión, porque allí recordamos verdades de la Palabra de Dios, oramos, velamos y aplicamos juntos lo que decimos creer.

Ese es nuestro testimonio. Así fue como el evangelio le dio un giro a este matrimonio que estaba de cabeza. Un cambio que es contrario a los estándares del mundo y que nos permitió ver el alcance de la obra de Cristo en los asuntos más cotidianos de nuestros días.

Somos llamados a ser coherentes porque el propósito del matrimonio es mostrar el misterio de la obra redentora de Cristo a través de la unión de dos pecadores que viven para la gloria de Dios (Ef. 1:6, 12, 14). Por eso el vivir a la luz del evangelio no es opcional, es mandatorio porque hay mucho en juego (Ef. 5:22-28).

REFLEXIONA

- Reflexiona si la manera en la que tratas a tu cónyuge es coherente con tu identidad en Cristo.

- ¿Por qué una comprensión sana de la gracia de Dios es clave para vivir a la luz del evangelio en tu matrimonio?

- ¿De qué maneras el recordar que tu cónyuge es un pecador al igual que tú te mueve a la misericordia y a la compasión?

- ¿De qué formas prácticas puedes comenzar a aplicar el evangelio en el matrimonio?

- ¿Cuáles son las áreas en las que debes crecer para aplicar el evangelio a tu vida?

UN GIRO EN EL MARATÓN DE LA CRIANZA

10

«Mami, no puedo. No puedo portarme bien...», fueron las palabras de Josué a Betsy entre sollozos.

Era uno de esos días en los que pareciera que uno va a quedar enterrado en miles de cosas por hacer que parece que no terminan nunca. Betsy estaba exhausta con interminables quehaceres en el hogar, correos por responder, platos que lavar, una montaña de ropa por doblar y ya había disciplinado a su hijo Josué de cinco años por la misma razón varias veces.

Ella se sentía tan abrumada que solo quería tirarse a la cama y llorar. La desobediencia continuaba con una terquedad férrea. Cuando estaba a punto de disciplinar a su hijo una vez más, trató de contener la calma, se arrodilló con lágrimas de enojo y frustración y le rogó a su pequeño: «Josué, ya no puedo más. Por favor, te pido que hagas un esfuerzo por portarte bien». Él también con lágrimas y mirando al suelo le contestó: «mami, no puedo, lo estoy intentando pero simplemente no puedo...».

Ese momento será inolvidable porque, arrodillada en medio de la sala, Betsy pudo establecer la conexión entre la crianza y el evangelio. Ya habían pasado varios años de los acontecimientos que Dios orquestó para ayudarnos a apreciar mejor las verdades de las buenas noticias de salvación. Desde ese entonces deseábamos someter nuestras vidas a la autoridad de la Escritura, pero ese proceso no ocurrió de la noche a la mañana. Hubo áreas de nuestras vidas que tomaron más tiempo y la crianza fue una de esas áreas en donde Dios ha sido (y sigue siendo) muy paciente para enseñarnos cómo aplicar el evangelio en diferentes aspectos de nuestra cotidianidad.

Nosotros habíamos abrazado nuestro rol como padres con gran compromiso. Así como te compartimos en el capítulo siete, Moisés había asumido el liderazgo espiritual de la familia y estaba siendo fiel en enseñar la Palabra a los niños. El Señor había cambiado radicalmente el orden de prioridades de Betsy, por lo que ella puso a un lado su carrera profesional para dedicarse a nutrir su hogar.

Estábamos realmente comprometidos con realizar nuestro mejor esfuerzo, leíamos libros de crianza bíblica y buscábamos consejos de padres piadosos y experimentados. Parecíamos esponjas absorbiendo todo y buscando aplicar todo lo que aprendíamos sobre la marcha.

Moisés tenía una cita con los niños para leer la Biblia juntos y contestar un millón de preguntas cada noche. Betsy realizaba actividades creativas para enseñarles sobre el evangelio y para crear momentos memorables durante el día. Les enseñábamos sobre la gran narrativa de la Biblia y cómo todos sus personajes apuntan al verdadero héroe de la historia: Cristo. También cantábamos canciones llenas de verdades bíblicas, recitábamos el catecismo de Westminster e investigábamos sobre misioneros que dieron sus vidas por el evangelio. Hacíamos todo lo que podíamos.

Nuestro anhelo era asegurar que nuestros hijos conocieran también la plenitud que nosotros habíamos experimentado en el evangelio. Queríamos que se sometieran a la autoridad de la Palabra porque conocíamos las consecuencias de no hacerlo de primera mano. Ansiábamos que ellos amaran a Dios, pero en ese momento no nos dábamos cuenta de que estábamos perdiendo de vista cosas muy importantes.

El suceso entre Betsy y Josué manifestó con claridad un error colosal que estábamos cometiendo como padres. Estábamos «enseñando» sobre el evangelio a nuestros hijos, pero no estábamos «aplicando» el evangelio a la crianza ni a nuestra relación con ellos.

Te pondremos un ejemplo que les permitirá entender nuestro error. Moisés les enseñaba durante el devocional antes de dormir que el pecado había afectado todas las áreas de la vida y que eran pecadores. Betsy hacía con ellos una manualidad la mañana siguiente que resaltaba lo oscuro de su condición caída. Pero en la tarde les decíamos que no podían pelearse entre ellos porque eran «niños buenos». ¡Tremenda contradicción!

Nuestras interacciones con ellos y las aplicaciones prácticas no eran permeadas por la teología que les estábamos enseñando. Eso producía una incongruencia que no estábamos notando. Te ponemos otro ejemplo ilustrativo de nuestro error. Nosotros adoptábamos una actitud de frustración y sorpresa ante su comportamiento cuando ellos desobedecían. No estábamos recordando e interpretando con nuestra teología la realidad de que nuestros hijos son pecadores y que necesitan un Salvador que les conceda el arrepentimiento, la salvación y la transformación.

Cuando Moisés les decía: «¡no puedo creer que hayas sido capaz de hacer eso, te disciplinaré y espero que nunca más lo vuelvas a hacer!», era como si les dijera entre líneas: «aunque yo les enseño que ustedes son pecadores, no los quiero tratar como si lo fueran; así son los demás niños, a ustedes los veo intachables y por eso me causa sorpresa cuando pecan. Los voy a disciplinar para que recuerden que ustedes deben ser perfectos y que no toleraré que demuestren lo contrario». Suena horrible cuando le ponemos palabras a lo que nuestros hechos ponían en evidencia con respecto a ese vacío entre nuestra teología y su aplicación en la crianza de nuestros hijos.

Betsy también actuaba con cierta incoherencia en su trato cotidiano con los niños. Ella solía manipular la conducta de los niños diciéndoles que si desobedecían no tendrían regalos de Navidad o insistía en crear tablas de recompensas basadas en méritos para animarlos a evitar conflictos entre ellos. Es muy probable que te sientas familiarizado con las prácticas que hemos mencionado porque realmente son formas habituales que tienen los padres, aun los cristianos de criar a sus hijos. Sin embargo, al actuar de esa manera, en realidad ella estaba enfocándose solo en la conducta y ponía a un lado el verdadero problema: **sus corazones**.

Era más fácil mantener un ambiente libre de conflictos que lidiar con la raíz del pecado que los produce. Era como si ella les dijera: «quiero que me vendan su obediencia a cambio de algo. El pecado que los lleva a desobedecer no me importa, solo deseo un hogar libre de conflictos.

Siempre y cuando ustedes hagan lo que yo diga, tendrán recompensas, aunque su conducta sea temporal y solo por amor a los privilegios».

Nuestra manera práctica de relacionarnos cotidianamente con nuestros hijos era contraria al evangelio porque les enseñábamos que sus obras podrían justificarlos ante nosotros, que podían salirse con las suyas por su buen comportamiento superficial y que esperábamos que ellos fueran perfectos en sus propias fuerzas. Lo más espantoso es que, de forma sutil, les hicimos creer que el fin de sus vidas era hacernos lucir como buenos padres y hacernos sentir bien al cumplir con nuestras demandas. Todo estaba al revés.

Sin darnos cuenta les estábamos enseñando que la manera en la que ellos se relacionaban con nosotros era el modelo con el que también podían mantener su relación con Dios. ¡Gracias a Dios por Cristo! El evangelio es una buena noticia porque nos libera, tanto a nuestros hijos como a nosotros, del esfuerzo inútil de intentar obtener lo que ya Cristo se ganó para nosotros con Su vida perfecta, muerte y resurrección en nuestro lugar. Esa es la esperanza que motiva una vida de obediencia (no para la gloria de los padres), sino para la gloria de Dios.

Vayamos de vuelta a la sala donde Betsy y Josué están pasando por un momento crítico pero iluminador. Cuando Josué expresó que estaba intentando portarse bien, pero no podía, Betsy lo miró, por primera vez, como lo que era en realidad: un pecador en necesidad desesperada de la gracia de Dios. Cuando ella pudo ver la realidad espiritual de su hijo a la luz del evangelio, de inmediato se convenció de que no se trataba de una lucha que tenía que enfrentar a nivel personal, porque el pecado de su hijo era primordialmente contra Dios. Así que miró a Josué con ojos compasivos y le dijo: «Josué, hubo un tiempo en el que por más que lo intentaba, yo tampoco podía portarme bien. Eso me llevó al arrepentimiento y a reconocer que necesitaba a Jesús. Para portarnos bien, necesitamos a un Salvador». Él le respondió: «mami, yo también necesito a Jesús, yo también necesito un Salvador». Los dos terminaron abrazados llorando y pidiendo perdón por sus pecados.

Nuestra relación con nuestros hijos dio un giro inmenso. Nos invadió una convicción muy profunda sobre la necesidad de sazonar con el evangelio las interacciones cotidianas con ellos. Nuestro acercamiento y nuestro vocabulario cambió y se revistió del evangelio. Ahora experimentábamos circunstancias similares, pero nuestras respuestas eran diferentes:

«Fallaste porque el pecado nos lleva a desobedecer, pídele a Dios que te conceda el arrepentimiento para que puedas cambiar».

«Lamentablemente tendré que disciplinarte porque tu falta tiene consecuencias».

«La desobediencia a tus padres es realmente una rebeldía contra la autoridad de Dios».

«No te mereces ese privilegio, pero hoy quiero que lo recibas para enseñarte el significado de la gracia...».

Cada suceso abría un portal con muchas oportunidades para apuntar a la verdad evangélica de nuestra condición de pecadores, la gracia salvadora de Cristo y la esperanza de transformación que nos ofrece la obra salvadora de nuestro Señor Jesucristo.

Aprendimos a no solo llamar la atención por su desobediencia, sino ayudarles a identificar el pecado detrás de su desobediencia (Rom. 3:23). Aprovechamos cada oportunidad para aumentar su asombro ante la grandeza de Dios y la verdad de Su Palabra (2 Tim. 1:9). Así como el Señor Jesucristo usó todas Sus experiencias, circunstancias y situaciones para enseñar a Sus discípulos verdades eternas y apuntarlos al evangelio, en nuestra pequeña familia también todo se convirtió en material de enseñanza. Una noche estrellada que cuenta de la grandeza de Dios; su superhéroe favorito nos recuerda que Cristo fue el único que fue capaz de dar Su vida por un pueblo que no lo amaba; los comerciales o las películas que mostraban algún tipo de perversión sexual nos muestran cómo el pecado ha distorsionado todo y el ser humano se ha rebelado ante el plan original de Dios para el hombre y la mujer. Finalmente, hasta los momentos de dolor o injusticia por los que ellos pasaban o de los que eran testigos nos ayudaban a anhelar la restauración de todas las cosas prometidas por nuestro Salvador.

Este proceso también nos ayudó a que nuestros hijos puedan ver reflejado el evangelio en sus propias vidas, y a que también podamos evaluar si es que nosotros también lo estábamos reflejando en las nuestras. En una ocasión, mientras conversábamos con Samuel sobre la condición de su corazón, él nos dijo con cierto dejo de tristeza: «la vida es más fácil para los padres porque ustedes no pecan». Sus palabras resonaron fuerte en nuestros corazones. De inmediato nos dimos cuenta de que no estábamos permitiendo que nuestros hijos vieran el evangelio en acción en nosotros. No sé si a ti te sucede lo mismo como padre o madre, pero a nosotros nos costaba ser vulnerables y reconocer nuestras faltas delante de ellos. Moisés solía decir que no podía perder la admiración de los niños o su respeto, pero en realidad estaba perdiendo de vista que ese acto de reconocimiento humilde de sus propias faltas delante de ellos podía servirles como ejemplo y les ayudaría a admirar a Jesucristo, el único perfecto.

Confesar nuestros pecados y arrepentirnos delante de nuestros hijos les ha ayudado a apreciar la forma práctica en que Dios transforma nuestras vidas a lo largo de los años. Ser honestos sobre nuestra debilidad y necesidad, cultivar una cultura de arrepentimiento; pedirnos perdón el uno al otro de forma visible y evidente ante cualquier acto de irrespeto o falta de sumisión cometido delante de ellos y reconocer nuestro pecado de ira o impaciencia cuando los disciplinamos de una manera inapropiada. En fin, lo que buscamos de forma intencional y sincera es enseñarles que sus padres son pecadores redimidos como ellos y que juntos estamos en el camino de la santificación. Esta nueva realidad evangélica ha abierto un sinfín de oportunidades preciosas y fructíferas para crecer juntos en la gracia de Dios.

Bueno, no todo acaba allí porque también identificamos otro error. Betsy estaba dedicada de lleno a la crianza de sus hijos, pero muy pronto esa responsabilidad se convirtió en una carga pesada. En lugar de descansar en la gracia de Dios para esta tarea que Él le había encomendado, ella comenzó a enfocarse en su propio desempeño como madre. Ya Betsy no era la ejecutiva que alimentaba su identidad con el reconocimiento del mercado laboral, sino que ahora era la mamá a tiempo completo que era tentada a definir su éxito por sus obras.

Ella pasaba largas horas de juegos, galletas horneadas, manualidades y muchas otras actividades más. Poco a poco su corazón engañoso se inclinó a pensar que la maternidad era la etiqueta que la definía y, por lo tanto, tenía que brillar con luz propia. Ella comenzó a sostener su identidad en el título de mamá a tiempo completo. Todo sistema, por piadoso que parezca, que nos haga creer que nuestras obras nos justifican delante de Dios o que nuestros esfuerzos son los que pueden transformar los corazones de nuestros hijos, es contrario al evangelio. Nadie está exento de caer en la trampa del desempeño. Esa es la razón por la que necesitamos recordar el evangelio todos los días porque ¡somos padres olvidadizos!

Dios, en Su gracia, le mostró que ella necesitaba una vez más correr a la cruz en arrepentimiento. Allí encontró (y sigue encontrado) la gracia que necesitaba para descansar en la obra de Cristo y no en su desempeño. Dios le dio la convicción a Betsy de que sus hijos no necesitaban una mamá estresada por el cansancio que le había producido intentar en sus fuerzas ser perfecta para ellos. Ellos precisan de una mamá imperfecta que encuentra su gozo y satisfacción en la perfección de su Salvador.

Por básico que parezca, mientras tratamos de llevar a cabo esta noble misión de la crianza podemos caer en la trampa de pensar que nuestros esfuerzos son los que aseguran la conversión de nuestros hijos. Escríbelo en tu pared si es necesario: «La salvación es del Señor» (Sal. 3:8). ¡Qué verdad tan liberadora! ¡Qué peso nos quita de encima!

Nuestra motivación era sincera, queríamos crecer en nuestra labor como padres, pero necesitábamos comprender que el éxito no vendría de las conferencias, de los libros o de los tres pasos del artículo más reciente de crianza cristiana. Por supuesto, siempre será beneficioso exponernos a enseñanzas bíblicas, pero ninguna de esas cosas asegura por completo que nos transformaremos en mejores padres. En nuestro caso, ignorábamos que la clave para convertirnos en mejores padres es simplemente conformarnos más a la imagen de Cristo.

TODO SISTEMA QUE NOS HAGA CREER QUE NUESTROS ESFUERZOS SON LOS QUE PUEDEN TRANSFORMAR LOS CORAZONES DE NUESTROS HIJOS ES CONTRARIO AL EVANGELIO.

Mientras más nos apegamos a la Vid, más se evidenciará el fruto del Espíritu (Juan 15:5). Seremos mejores padres si estamos llenos de gozo, paz, paciencia, benignidad, bondad, fe, mansedumbre y dominio propio (Gál. 5:22-23). ¿No es eso lo que necesitamos? Imagina por un momento cómo sería tu relación con tus hijos si fuera gobernada por el fruto del Espíritu. Las técnicas de crianza ocupan su lugar, pero antes de ellas y de manera fundacional, necesitábamos asirnos de Cristo y permanecer arraigados en Él.

La misma fuente de la que bebimos para el perdón de nuestros pecados, la sangre derramada por nuestro Señor Jesucristo que nos lavó de nuestra maldad y nos presentó limpios ante el Padre, aún sigue brotando y siendo efectiva para obtener el perdón. Del Señor podemos obtener el poder que necesitamos para sentarnos en los lugares celestiales en Cristo, aun en esos momentos en los que los afanes de la crianza nos llevan al límite de nuestra naturaleza caída. De esa fuente podemos saciarnos para dar a nuestros hijos gracia sobre gracia.

El maratón de la crianza se ha hecho más largo con la llegada de dos hijos más. Ahora nos hemos necesitado el uno al otro para recordarnos las verdades del evangelio que nos sostienen, pero que, como ya hemos dicho, olvidamos con tanta facilidad. Aquí te compartimos algunas de esas verdades que no podemos olvidar:

Cristo es nuestra fuente primaria de propósito, no la crianza. De la misma manera en que el gozo no se encuentra en un desempeño perfecto, así también solo lo encontraremos en Aquel que vivió a la perfección por nosotros. Somos libres para abrazar la crianza como un llamado y para correr en busca de gracia, poder y sabiduría al trono de Dios para llevarlo a cabo.

La gracia de Dios es la provisión sobrenatural para las necesidades cotidianas de los padres que han puesto su esperanza en Cristo. En los momentos de cansancio, frustración y desánimo, sabemos a quién acudir para encontrar la plenitud que tanto necesitamos. Cristo es la fuente y Su gracia es el manantial del cual podemos tomar para satisfacer nuestra sed y renovar nuestras fuerzas.

«Pues de Su plenitud todos hemos recibido, y gracia sobre gracia» (Juan 1:16).

Cuando colocamos nuestra identidad en Cristo, sabemos cuál es la meta de nuestro trabajo: la gloria de Dios y no el éxito aparente o superficial de la crianza. Con esto en mente, no hacemos de la crianza un fin en sí mismo. Por el contrario, nos esforzamos y usamos la crianza como una herramienta para servir a nuestro Salvador. Hacemos de la misión de la crianza nuestra gran comisión de hacer discípulos (Mat. 28:18-20). La gloria de Dios es la meta y Su gracia el combustible que la empuja.

«Porque de Él, por Él y para Él son todas las cosas. A Él sea la gloria para siempre. Amén» (Rom. 11:36).

Tenemos el gran privilegio de formar parte del plan divino de redención y tenemos el honor de colaborar con la misión de Jesús en este mundo. La crianza provee un sinfín de oportunidades para llevarla a cabo. Lo mejor de esta misión es que no estamos solos, Jesús ha prometido estar con nosotros todos los días y ha provisto todo lo que necesitamos para servirle con excelencia y de acuerdo con Su voluntad. Nos encanta como Paul Tripp nos anima a considerar esa verdad:

«... así que tu esperanza como padre no se encuentra en tu poder, tu sabiduría, tu carácter, tu experiencia o tu éxito, sino solo en esta cosa: la presencia de tu Señor. El Creador, Salvador, Todopoderoso, Rey Soberano está contigo. Permite que tu corazón descanse. No estás en el drama de la crianza solo. Tu potencial es mucho mayor que el tamaño de tus debilidades porque Aquel que no tiene debilidades está contigo y él hace su mejor trabajo a través de aquellos que admiten que son débiles pero, a pesar de ello, atienden su llamado».[1]

La gracia que hemos recibido en Cristo es el motor que nos impulsa en la carrera de la crianza centrada en el evangelio. Estas verdades le

---

[1] Tripp, Paul David. *La crianza de los hijos: 14 principios del Evangelio que pueden cambiar radicalmente a tu familia*. Publicaciones Faro de Gracia. Edición para Kindle, 202.

dan forma a la manera en que abrazamos la crianza y en ellas podemos encontrar la gracia que anhelamos en momentos de necesidad. ¡Qué maravillosa esperanza tenemos! ¡Qué asombrosa gracia!

«Y Dios puede hacer que toda gracia abunde para ustedes, a fin de que teniendo siempre todo lo suficiente en todas las cosas, abunden para toda buena obra» (2 Cor. 9:8)

Se nos ha entregado un pequeño rebaño que necesita ser encaminado a las buenas noticias del evangelio, que necesita saborear la dulzura de la gracia de Dios y abrir sus ojos a la realidad de su necesidad de Cristo. Dios nos ha entregado a estos potenciales discípulos suyos, no solo para que les alimentemos, eduquemos y vistamos, sino también para generar en ellos una sed por el evangelio. El Señor nos ha provisto largos años a su lado para llevar a cabo esa misión amparados en Su gracia.

LA GRACIA QUE HEMOS RECIBIDO EN CRISTO ES EL MOTOR QUE NOS IMPULSA EN LA CARRERA DE LA CRIANZA CENTRADA EN EL EVANGELIO.

Por lo tanto, si eres un padre o una madre, sé fiel y esfuérzate según el poder de Dios que obra en ustedes (Col. 1:29). Pero siempre recuerda que no se trata de su desempeño, no se trata de la cantidad de veces al día en las que «hiciste un buen trabajo» y tampoco de las veces en las que «te fue mal». Reconoce de una vez por todas que ¡no se trata de ti! Se trata de un Dios de gracia obrando en tu vida y en la de tus hijos. Entonces corre a la fuente inagotable de gracia y perdón, toma a tus hijos de la mano y enséñales cada día y bajo cada circunstancia a caminar contigo a la presencia del Dios lleno de gracia.

REFLEXIONA

- ¿Te identificas con alguno de los errores que Moisés y Betsy cometieron?

- ¿Es la relación con tus hijos coherente con las verdades del evangelio?

- ¿Estás dispuesto a confesar y pedir perdón por los pecados que has cometido ante tus hijos?

- ¿Podrías decir que deseas que tus hijos vivan para tu gloria o para la gloria de Dios?

- ¿Qué cambios necesitas hacer para que la crianza de tus hijos sea sazonada con la buena noticia de salvación?

- ¿Cuál fue la enseñanza que más te impactó de este capítulo?

NO HAY
IGLESIA SIN
COMUNIDAD

11

«Estos himnos parecen villancicos de Navidad», le susurró Moisés a Betsy en el oído; ella asintió levemente y le respondió con una sonrisa. Era la primera vez que asistíamos a la iglesia donde terminaríamos congregándonos por un año mientras Moisés cursaba un programa de estudios teológicos en otra ciudad. Allí todo era tan nuevo y diferente. Llegábamos y nos sentábamos atrás como espectadores tímidos. Los instrumentos musicales eran muy escasos y el volumen de la música era muy bajo. Eso sí, durante las alabanzas todos a una se ponían de pie y cantaban a todo pulmón con mucha convicción.

Todo parecía suceder en cámara lenta; sin embargo, todos estaban atentos como si sus corazones estuvieran ardiendo. Nos llamó la atención que en esta iglesia tan «aburrida» (de acuerdo con nuestros estándares de ese momento), estuviera llena de gente tan apasionada.

Después de varios domingos cantando canciones que parecían tener un ritmo similar al de «Noche de paz», comenzamos a entender la razón para el gozo que estos hermanos experimentaban al adorar. Las letras de esos himnos estaban saturadas con verdades del evangelio. Con cada canción repasábamos una y otra vez el gran plan de salvación de Dios, recordábamos nuestra horrible condición a causa de nuestro pecado y los favores inmensos que hemos recibido en Cristo.

No solo las alabanzas estaban llenas del evangelio, también la predicación. La exposición de la Palabra de Dios ocupaba un lugar central en el servicio dominical y esto se demostraba porque todos esperaban con ansias ese momento. Adultos y niños, muchos con libreta en mano, mostraban mucha atención y mantenían los ojos clavados en el púlpito. Era evidente que el pastor estaba sometido a la autoridad de la Escritura y que Cristo era el protagonista de su mensaje. Nos sorprendimos cuando los hermanos comenzaron a decir: «¡amén!» al escuchar las verdades bíblicas. Nos asombramos porque pensábamos que esas expresiones públicas no se hacían en ese tipo de iglesia.

De hecho, no solo esa presuposición prejuiciosa cambió, sino también muchas otras. Por ejemplo, solíamos pensar que el Espíritu Santo no se movía en este tipo de contexto, pero nuestros corazones ardían de convicción con esa adoración sencilla y esa predicación expositiva que estaban saturadas de la Palabra de Dios. Todo eso demostró lo equivocados que estábamos.

Pero hubo algo que nos sorprendió aún más que todo lo anterior. Poco a poco nos dimos cuenta de que la reunión no terminaba cuando el pastor finalizaba el servicio. La vida de comunidad continuaba en los pasillos, en el estacionamiento y luego en las casas. Los domingos almorzábamos con una familia de la iglesia. Esa era su costumbre. La iglesia daba por sentado que el alimento espiritual de la mañana continuaría siendo digerido con hermanos alrededor de la mesa. Eso nunca dejó de sorprendernos. Algunos domingos compartíamos la comida con familias con mucha holgura económica, otros con hermanos con mesas muy sencillas. Pero algo que los caracterizaba a todos era el gozo de estar juntos, la hospitalidad y el amor los unos por los otros.

Las conversaciones que sosteníamos en las casas no eran superficiales ni triviales. Había un genuino interés por profundizar en las relaciones y mucha intencionalidad en animarse unos a otros a desarrollar la piedad cristiana. Nada de esto se sentía rígido, legalista o religioso, todo lo contrario. Era simplemente la manera en la que ellos se sentían cómodos y compartían su espiritualidad como una familia que disfruta de estar juntos.

Podrías estar pensando que exageramos y que esta iglesia debe estar ubicada en un barrio del mismo cielo, pero no es así. No estamos hablando de una iglesia perfecta, sino de una comunidad de creyentes que, aun en medio de sus fallas, era una comunidad que florecía y crecía porque estaba arraigada en el evangelio.

Hubo momentos en que sentimos que todos notaban lo diferente que éramos y nos preguntábamos si alguna vez podríamos encajar en la congregación. Aunque estábamos a gusto, nos tomó un poco de tiempo adaptarnos. Estábamos acostumbrados a otro tipo de experiencias en la iglesia, pero el permanecer allí nos estaba enseñando a valorar lo que realmente era esencial a la hora de congregarnos.

Dios nos estaba ayudando a entender cuán dependientes éramos de las formas en las que habíamos aprendido a «hacer iglesia». Donde estábamos ahora no había luces, cierto estilo de música ni presentaciones especiales. En realidad, nada estaba diseñado para entretener a la congregación.

Nunca vamos a olvidar ese año. Dios nos permitió vivir una experiencia muy diferente a lo que estábamos acostumbrados para que aprendiéramos sobre el papel que juega la iglesia local en la vida del creyente. Él nos colocó en esa hermosa iglesia para que comprendiéramos que las formas no son tan importantes como pensábamos y que no definen la efectividad de una iglesia y si es bíblica o no.

Esa etapa produjo algunas preguntas con respecto a nuestro entendimiento de la iglesia. Por ejemplo, ¿cómo el evangelio transforma nuestras ideas aprendidas sobre la iglesia? ¿Qué elementos de una iglesia no son negociables? ¿Cómo se mide el éxito o la efectividad de la iglesia? Teníamos algunas respuestas enlatadas a estas preguntas, de esas que se repiten continuamente y que las aceptamos como norma general. Sabíamos, por ejemplo, que la iglesia no era un edificio, que era el cuerpo de Cristo y los creyentes unidos, pero en la práctica prevalecían nuestras preferencias y gustos con respecto al modelo de iglesia.

Al igual que en los demás aspectos de nuestras vidas, era necesario también someter nuestro entendimiento del propósito de la iglesia a la autoridad de la Escritura. Empezar a mirar la iglesia bajo el lente de la Palabra de Dios hizo que todo nuestro entendimiento haga un giro de 180 grados. Empezamos a apreciar cosas que no habíamos considerado antes y a disfrutar de la sencillez de una comunidad marcada por el evangelio.

Domingo tras domingo, comida tras comida y reunión tras reunión fue ayudándonos a comprender el verdadero valor de la iglesia local, mientras los hermanos abrían las puertas de sus casas y nosotros abríamos la Biblia con ellos. No solo compartíamos alimentos, también compartíamos nuestras luchas y necesidades. Nos alentábamos con la verdad, orábamos unos por otros y buscábamos formas de ayudarnos. Esas experiencias acompañadas de reflexión en la Palabra nos permitió atar los cabos. Antes podíamos definir qué era la iglesia, pero, a decir verdad, por primera vez estábamos entendiendo las implicaciones de lo que significa ser parte de la familia de Dios.

También nos dimos cuenta de que la iglesia había reflexionado sobre su naturaleza a lo largo de los siglos. Nos encanta, por ejemplo, la sencillez con la que el Catecismo de la nueva ciudad define la iglesia:

«Dios escoge y preserva para Sí mismo **una comunidad** elegida para vida eterna y **unida** mediante la fe, que ama, sigue, y alaba a Dios **en conjunto**. Dios envía a **esta comunidad** a proclamar el evangelio y a modelar el Reino de Cristo mediante la calidad de sus vidas y de su **amor mutuo**».[1]

Esta definición no incluye el cómo debe llevarse a cabo, pero resalta varios aspectos que sí son esenciales y que es importante recalcar: la obra del evangelio en la vida de los creyentes, su respuesta al señorío de Cristo y enfatiza que el amor en el contexto de la comunidad es la característica que demuestra al mundo que la iglesia es la familia de Dios (Juan 15:35). Esta fue la primera área en la que fuimos confrontados.

Todo cambió cuando la Biblia le proveyó el significado a la definición de «comunidad». El autor de Hebreos presenta la imagen de una comunidad donde los cristianos son llamados a compartir intencionalmente el evangelio y sus vidas con otros cristianos para animarse mutuamente hasta el regreso de Cristo.

«Mantengamos firme la profesión de nuestra esperanza sin vacilar, porque fiel es Aquel que prometió. Consideremos cómo estimularnos unos a otros al amor y a las buenas obras, no dejando de congregarnos, como

---

[1] Hansen, Collin. *El catecismo de la nueva ciudad*. Poiema Publicaciones. Énfasis añadido, 148.

algunos tienen por costumbre, sino exhortándonos unos a otros, y mucho más al ver que el día se acerca» (Heb. 10:23-25).

Nosotros dejamos algunos principios fundamentales que no podíamos pasar por alto en nuestro entendimiento y práctica con respecto a la iglesia. Los hijos de Dios debemos estar firmes en la esperanza de que Cristo ha de cumplir Sus promesas. Para mantener esa firmeza se requiere del estímulo de otros hermanos que nos animan en nuestro andar cristiano. El ejercicio continuo de reunirnos y congregarnos tiene el propósito de proveer oportunidades para amarnos de manera práctica y de exhortarnos a mantener la mirada puesta en la esperanza del retorno de nuestro Señor Jesucristo.

La frase «no dejando de congregarse, como algunos tienen por costumbre», la sabíamos de memoria desde niños, pero solo la usábamos como un llamado de alerta para que la gente no faltara a la iglesia. La escuchábamos desde el púlpito cuando el pastor nos hablaba del peligro de faltar a las reuniones de la iglesia. Eso estaba muy bien. El problema era que lo dejábamos ahí.

A decir verdad, ambos éramos muy fieles en nuestra asistencia. Los recuerdos más hermosos de nuestra juventud tienen lugar en la iglesia. Aunque crecimos en iglesias diferentes, desde que tenemos uso de razón estábamos involucrados en todas las actividades en las que podíamos participar. Asistimos a infinidad de retiros y no nos perdíamos las vigilias de oración. Amanecíamos en la iglesia si era necesario. La iglesia era nuestro hogar.

Agradecemos a Dios por la bendición de haber estado rodeados de otros creyentes a lo largo de nuestra niñez y juventud porque, sin lugar a dudas, la iglesia fue un lugar seguro para nosotros durante todos esos años. Recibimos la oportunidad de desarrollarnos como líderes y servimos a tiempo y fuera de tiempo. Todo lo que hacíamos giraba alrededor de nuestras congregaciones y les dimos prioridad a todas las actividades y eventos eclesiásticos y luchábamos por encontrar un balance entre todas nuestras actividades eclesiásticas con nuestros estudios o trabajo. La iglesia no era negociable.

Es posible que percibas nuestra experiencia con la iglesia como idílica y hasta perfecta. Sin embargo, luego de plantearnos la necesidad de entender nuestra vida de iglesia a la luz de las Escrituras descubrimos que el problema era que nos habíamos pasado la vida enfocados en «servir en la iglesia», hasta el punto de que perdimos de vista la importancia de «ser iglesia». Aunque siempre estuvimos rodeados de nuestros hermanos en la fe y todo lo que hacíamos estaba orientado alrededor de la iglesia, en realidad éramos como llaneros solitarios en nuestro caminar individual con el Señor.

Éramos fieles a la hora de congregarnos y participar en mil y una actividades, pero llevábamos nuestras luchas solos y aunque abríamos la puerta de nuestros hogares, no abríamos nuestros corazones.

No nos dábamos cuenta de que nuestra relación con la iglesia estaba marcada por un activismo que era sinónimo de producir, servir, dirigir, en fin, hacer muchas cosas «para Dios». Lamentablemente, nuestra identidad estaba enraizada en esas actividades. Nuestras vidas giraban en torno a la agenda de la iglesia. Claro, esto no era malo en sí mismo, pero volvemos a recalcar que el problema era que no sabíamos cómo navegar bíblicamente con la comunión que no es solo participar en múltiples actividades y reuniones, sino en la profundidad e interacción espiritual de las relaciones con nuestros hermanos dentro de la iglesia.

Era pesado el bagaje de la cultura eclesiástica que habíamos ido acumulando entre los círculos y concilios donde nos movíamos. Existía un amor real entre los creyentes, pero carecíamos de una cultura de rendición de cuentas que abriera un espacio a la confesión y a la restauración. Parecía que era mejor no hablar del pecado personal para no ser de tropiezo, no dañar el testimonio y no perder la oportunidad de servir. Cuando nos preguntaban cómo estábamos, respondíamos de forma automática «bendecidos, prosperados y en victoria», pero debajo del tapete escondíamos realidades que no estábamos dispuestos a compartir con nadie.

EL COMPROMISO ENTRE LOS CREYENTES Y UNA VIDA DE IGLESIA SALUDABLE FLUYE DE SU SUMISIÓN A LA PALABRA DE DIOS.

Se convertía en un escándalo de proporciones descubrir una persona en pecado. El proceso de disciplina era mayormente desastroso porque no había un proceso definido de restauración, ni tampoco una expresión colectiva de gracia y amor para quien había caído. Muchos que caían simplemente se iban a comenzar de nuevo en otras congregaciones en donde nadie los conocía. Los que se quedaban eran apartados de cualquier responsabilidad y eran olvidados.

Hoy miramos atrás y reconocemos que esas distorsiones eran el resultado de un pobre entendimiento del evangelio. Solo Cristo y Su obra nos mantiene unidos y nos ofrece la libertad para buscar a nuestros hermanos cuando pecamos o las cosas no andan bien. Nuestra naturaleza pecaminosa siempre nos impulsará a olvidar la gracia que hemos recibido y por eso nos escondemos, nos excusamos y juzgamos a otros.

El evangelio nos capacita para vivir en comunidad porque la obra de Cristo redime a pecadores y crea un pueblo conforme a la voluntad de Dios. Dios Padre, Hijo y Espíritu Santo existe en comunidad y creó al ser humano para que viva en comunidad con Él y con su prójimo. El pecado afectó nuestra capacidad de relacionarnos en todos los sentidos, pero la buena noticia es que la obra de Cristo en la cruz tiene el poder de restaurar todas las cosas, incluida nuestra comunión con Dios y la comunión con nuestros hermanos. Jesús fue muy enfático cuando dijo:

«Un mandamiento nuevo les doy: "que se amen los unos a los otros"; que como Yo los he amado, así también se amen los unos a los otros. En esto conocerán todos que son Mis discípulos, si se tienen amor los unos a los otros» (Juan 13:34-35).

Una cultura de amor, fidelidad y compromiso entre los creyentes no sucede en el vacío ni por mera iniciativa humana. Por el contrario, es el resultado de una iglesia comprometida con la Palabra de Dios. Fuimos muy confrontados por todas estas verdades bíblicas sobre la importancia de cultivar una comunidad bíblica. Volvimos a recordar que todas nuestras convicciones deben partir de la Escritura. El compromiso entre los creyentes y una vida de iglesia saludable fluye de su sumisión a la Palabra de Dios.

Tenemos que reconocer que hubo un tiempo en el que pensamos que la predicación no era tan importante. Estaba bien si la persona en el púlpito le añadía un par de versículos a lo que Dios puso en su corazón. Estaba bien si el tiempo de las alabanzas se alargaba y teníamos alguna actividad especial y no alcanzaba el tiempo para la prédica. No importaba si el que predicaba se había preparado o no. No nos parecía nada malo. Estábamos cometiendo un grave error.

El discipulado del creyente tiene un componente principal en la predicación fiel de la Palabra de Dios en la iglesia local (2 Tim. 4:1-5, Hech. 20:18-27). Solo la Escritura tiene el poder para transformar a los creyentes y para conformarlos a la imagen de Cristo (Heb. 4:12). No es posible que una iglesia sea sana si no se somete a la autoridad de la Palabra y la comparte para edificación del pueblo de Dios de manera abundante y ordenada (Col. 3:16). Las Escrituras contienen todo lo que necesitamos para ser equipados como discípulos de Cristo (2 Tim. 3:16).

Los creyentes evidencian su compromiso por la Palabra al convertirla en la fuente de autoridad para toda la vida de la iglesia. El establecimiento del liderazgo de la iglesia debe hacerse conforme a los lineamientos establecidos por la Palabra de Dios (1 Tim. 3:1-13; Tito 1). También la adoración no es un asunto de gustos musicales, sino primeramente de exaltación del Dios y Sus verdades reveladas en las Escrituras. Tenemos que confesar que le dábamos más importancia a nuestros estilos musicales preferidos que a las letras de las canciones. Podría parecer una exageración, pero el contenido era lo de menos cuando decían que la canción era cristiana. Si sonaba bien y nos gustaba, pues estaba bien. Pero todo cambió al entender que cuando la Palabra de Dios es el centro de la iglesia, entonces Cristo y Su verdad son el centro de su adoración. (Col. 3:16). No estamos diciendo que estaba mal cantar coritos repetitivos con sucesos del Antiguo Testamento.

LA OBRA DE DIOS FLORECE EN UNA COMUNIDAD DONDE LOS HERMANOS AMAN SU PALABRA Y SE AMAN LOS UNOS A LOS OTROS.

El asunto es que nunca conectábamos realmente los «carros del Faraón» con la obra redentora de Cristo por Su pueblo.

Pudimos entender que la iglesia no canta producto de una intención individual de cada creyente que busca «conectar» con Dios, sino como una declaración colectiva de las verdades que nos sostienen como pueblo de Dios. Cada uno es edificado y cuando alguno no pueda cantar, entonces escuchará a sus hermanos recordarle el evangelio, el carácter de Dios y las verdades de la Palabra. En realidad, toda nuestra vida de iglesia estaba tomando otra dimensión.

Cuando la Biblia es la autoridad suprema de la iglesia, el pecado es tratado de forma correcta y la santidad de Dios es exaltada en el marco de la gracia. La restauración y la disciplina son revestidas de amor y compasión (Mat. 18:15-18).

De igual forma, el evangelismo y el discipulado son más que un evento o un currículo: son un estilo de vida misional (Mat. 28:18-20). De igual modo, la consejería es guiada por las Escrituras y no por corrientes humanistas (Heb. 4:12). Un compromiso con la Palabra nace de un entendimiento de su autoridad, suficiencia, claridad y necesidad en la vida del creyente y de la iglesia (2 Tim. 3:16-17). La Palabra de Dios es la voz profética más segura (2 Ped. 1:19-21) y por eso debe regir sobre todas nuestras convicciones. Una iglesia sometida a la Escritura se evidencia con una comunidad de creyentes definidos por el evangelio y por el amor los unos por los otros. Esto es como una calle de doble vía.

Este principio de doble vía lo recordamos producto de una visita de la madre de un amigo, nuestra amada Nanny McGhee, como le decimos con cariño, a nuestra casita en Carolina del Norte mientras estudiábamos en el seminario SEBTS.[2] No había pasado mucho tiempo de su llegada cuando nos preguntó: «¿Ya han encontrado una buena iglesia?». Moisés le respondió enfático: «¡sí, encontramos una iglesia comprometida con la predicación fiel de la Palabra de Dios!». Inmediatamente ella hizo otra pregunta: «Pero, ¿están comprometidos los unos con los otros?»

---

[2] Southeastern Baptist Theological Seminary

Esa pregunta se ancló en nuestros corazones como un recordatorio que se ha quedado con nosotros por años, porque la iglesia existe para que la fe se viva en comunidad y como un solo cuerpo. En las palabras de Ray Ortlund: «Por la gracia de Dios, la iglesia debe ser conocida simultáneamente por su pureza de doctrina y por la realidad de su comunidad».[3] La iglesia se caracteriza desde su mismo comienzo por una fidelidad doble: a la Palabra de Dios y a los hermanos. Observa con detenimiento cómo lo describe el autor del libro de Hechos:

«Y se dedicaban continuamente a las enseñanzas de los apóstoles, a la comunión, al partimiento del pan y a la oración. [...] Todos los que habían creído estaban juntos y tenían todas las cosas en común; vendían todas sus propiedades y sus bienes y los compartían con todos, según la necesidad de cada uno. Día tras día continuaban unánimes en el templo y partiendo el pan en los hogares, comían juntos con alegría y sencillez de corazón, alabando a Dios y hallando favor con todo el pueblo. Y el Señor añadía cada día al número de ellos los que iban siendo salvos» (Hech. 2:42, 44-47).

Identifica todas las veces que la comunidad es mencionada en estos versículos. La obra de Dios florece en una comunidad donde los hermanos aman Su Palabra y se aman los unos a los otros. La idea es clara y fundamental, los creyentes no somos entes individuales, sino más bien, somos parte de un cuerpo que está formado por la colectividad de creyentes que tienen a Cristo como cabeza directiva de todo el cuerpo. Pablo lo explica de la siguiente manera:

«Más bien, al hablar la verdad en amor, creceremos en todos los aspectos en Aquel que es la cabeza, es decir, Cristo, de quien todo el cuerpo, estando bien ajustado y unido por la cohesión que las coyunturas proveen, conforme al funcionamiento adecuado de cada miembro, produce el crecimiento del cuerpo para su propia edificación en amor» (Ef. 4:15-16).

---

[3] Ortlund, Ray. *El evangelio: Cómo la iglesia refleja la hermosura de Cristo.* IX Marcas. Edición para Kindle, 218.

Ha sido maravilloso entender que Dios diseñó la iglesia, desde la eternidad pasada, como el lugar donde Sus hijos son equipados, edificados y pastoreados de manera que vivan para la gloria de Su nombre y cumplan con la Gran Comisión. Hemos sido llamados por Dios a ser parte de una iglesia donde somos edificados con la Palabra y nos servimos los unos a otros.

Algo que descubrimos que se recalca continuamente en el Nuevo Testamento es que el Señor llama a la iglesia a mostrar amor genuino los unos por los otros (Juan 13:33-34; 1 Ped. 3:8). Nosotros somos receptores del inmenso amor de Dios y, como resultado de ese amor, llama a todos los miembros de la iglesia local a sobrellevar las cargas los unos de los otros (1 Jn. 3:1; Gál. 6:2). También el evangelio nos enseña la belleza de ver a los hermanos sirviéndose cuando hay necesidad (Hech. 2:37). Los creyentes del Nuevo Testamento son sinceros y transparentes, hasta el punto de confesar sus faltas y extender el perdón mutuo (Sant. 5:16, Col. 3:13). Para nosotros es como si el Nuevo Testamento nos gritara:

¡No hay iglesia sin comunidad!

Dios ha moldeado y sigue formando nuestro entendimiento de la iglesia a la luz de las Escrituras. Por eso nuestro deseo es seguir los lineamientos que Dios ha dejado con tanta claridad para ser la iglesia de Jesucristo conforme a Su voluntad.

REFLEXIONA

- ¿Qué es lo primero que viene a tu mente cuando piensas en la iglesia?

- ¿Cuál es el papel que debe jugar la Biblia en la vida de la iglesia?

- ¿Por qué es importante que la iglesia sea vista como una comunidad para crecer en santidad, piedad y amor?

- ¿Cómo el evangelio te capacita para vivir en comunidad?

- ¿Cuáles son los peligros de no tener un entendimiento bíblico sobre la iglesia local?

CUIDADO CON EL PÉNDULO: CONFESIÓN, EXHORTACIÓN Y ESPERANZA

12

¡Gracias por acompañarnos hasta aquí! No queremos despedirnos sin una última confesión que podría servirte también como una exhortación. Nosotros cometimos un error al que hemos denominado como el «péndulo teológico» mientras Dios enderezaba lo torcido en nuestras vidas. Estamos hablando de la tendencia que hizo oscilar «el péndulo de la pasión por nuestras convicciones» hasta el extremo más lejano posible de nuestras posturas pasadas.

Permítenos explicarte a lo que nos referimos. En la medida en la que crecíamos hacia un mejor entendimiento del evangelio, fuimos tentados a olvidar que todo lo que habíamos recibido era por la gracia de Dios. Comenzamos a sentirnos más a gusto con aquellos que estaban alineados teológicamente con nosotros porque hablábamos el «mismo lenguaje» y empezamos a rechazar de forma pasiva y con cierto desdén todo y a todos los que no encajaran con nuestras nuevas posiciones.

Cuando conversábamos con hermanos que abrazaban doctrinas diferentes a las nuestras, solíamos ser muy tajantes, ni nos esforzábamos por escucharlos y solo buscábamos convencerlos de su «error». No mostrábamos la menor intención de amarlos o servirles. Reaccionamos de formas insensibles y arrogantes ante las personas que seguían enseñando lo que ya para nosotros eran falsas enseñanzas. Nos justificábamos bajo la excusa de que no seguían la sana doctrina de la Biblia y por el daño que habíamos sufrido al creer esas mentiras.

EL ORGULLO CIEGA PORQUE PIERDE DE VISTA MUY FÁCILMENTE LA GRACIA RECIBIDA.

Fuimos tentados a identificarnos con hermanos que se encontraban en ese extremo del péndulo que creían como nosotros, pero que abrazaban más los argumentos teológicos que una relación íntima y vibrante con el Señor mismo. Esos hermanos defendían sus convicciones doctrinales de forma arrolladora sin mostrar la más mínima pizca de amor y sin importar las relaciones que dañaban en su supuesto celo por la verdad. Para nosotros fue paradójico el poder ver claramente a dónde nos podrían llevar los pasos que estábamos dando luego de considerar el impacto dañino de sus acciones producto de su supuesta diligencia doctrinal. Por la gracia de Dios, una vez más, recapacitamos y nos arrepentimos.

Tenemos que confesar que el síndrome del péndulo se alimentaba de nuestro orgullo. El orgullo ciega porque pierde de vista muy fácilmente la gracia recibida. Hoy miramos atrás y reconocemos que tener una visión bíblica correcta de la humanidad requiere reconocer que el Señor habla con claridad de lo engañoso que es el corazón, incluidos los nuestros (Jer. 17:9). Es verdad que teníamos un anhelo sincero para que otros conocieran las verdades maravillosas que nos habían transformado, pero habíamos olvidado mostrar la compasión amorosa con la que habíamos sido alcanzados. No tomamos en cuenta la paciencia que Dios tuvo con nosotros y la bondad con que nos guio de la mano cuando no podíamos ver claramente. El Señor merece toda gloria por Su fidelidad y Su gracia abrumadora aún cuando no la merecemos y nosotros que recibimos de gracia, también debemos dar de gracia (Mat. 10:8).

Este capítulo será un tanto diferente porque quisiéramos compartir contigo diez recordatorios personales que nos han servido como advertencias contra el síndrome del péndulo teológico. Guárdalos en tu corazón para que te sirvan de alerta en tu caminar con el Señor.

1. Nunca dejes de asombrarte por la gracia que has recibido.

Nuestros corazones estallaron de gozo y agradecimiento a Dios cuando conocimos las doctrinas de la gracia. Sin embargo, si no somos intencionales en crecer en asombro ante Su misericordia, podemos caer en la trampa de dar por sentado o creernos merecedores del favor inmerecido que hemos recibido solo por gracia. Todo lo que conocemos y entendemos de Dios es el resultado de Su obra en nosotros. Podemos pecar si lo olvidamos porque nos estaríamos atribuyendo la gloria que únicamente le pertenece a Dios.

Solemos ser tentados a creer que lo que sabemos es el resultado de nuestro propio esfuerzo inteligente, de los libros que hemos leído, de los predicadores que seguimos o de nuestros estudios teológicos. Este es un grave error. La iluminación que recibimos de la Palabra de Dios es una obra del Espíritu Santo que nos faculta para conocer la verdad, entenderla y ponerla en práctica (1 Cor. 2:9-16).

El salmista sabía que su entendimiento de la Escritura solo venía de Dios y oraba de acuerdo a esta verdad:

«Enséñame, oh Señor, el camino de Tus estatutos,
y lo guardaré hasta el fin.
Dame entendimiento para que guarde Tu ley
y la cumpla de todo corazón»
(Sal. 119:33-34)

En la medida en que recordemos que todo lo que somos y lo que sabemos es un regalo de la gracia de Dios, podremos extender esa misma gracia a aquellos que necesitan conocer o crecer en el conocimiento de Dios revelado en Su Palabra. Ninguna diferencia teológica nos exime de nuestra responsabilidad de extender gracia a los demás.

2. Busca crecer en la piedad al estudiar la Biblia

Si te acercas a la Biblia con una motivación incorrecta, entonces el resultado será una manera de vivir que no tendrá coherencia con el evangelio. El fruto de nuestro estudio de la Palabra no es la acumulación de conocimiento, sino que su propósito es mucho más amplio y profundo porque finalmente es que seamos conformados a la imagen de Cristo. Así lo expresó Howard Hendricks en su libro «*Living by the Book*» [Vivir según la reglas]:

«La Biblia fue escrita, no para satisfacer tu curiosidad sino para ayudarte a conformarte a la imagen de Cristo. No para hacerte un pecador más inteligente, sino más como el Salvador. No para llenar tu cabeza con una colección de datos bíblicos, sino para transformar tu vida».[1]

Nunca olvides que el propósito de estudiar la Palabra de Dios es conocerlo y crecer a la imagen de Cristo. Cuando verbalizamos y defendemos muchas doctrinas a la perfección, pero no aplicamos lo que estudiamos y profesamos creer en todas las áreas de nuestras vidas, terminamos confundiendo a quienes nos rodean porque no llegan a ver en nosotros la piedad visible y la manifestación del carácter de Cristo que debería por diseño divino adornar el conocimiento de todos aquellos que van a la Palabra de Dios.

Recordemos que el mayor problema de los fariseos era que sus creencias no concordaban con sus prácticas. Existía una profunda disonancia entre lo que profesaban con tanta pasión y celo con sus vidas diarias. Jesús les llamó hipócritas y expuso sus contradicciones:

«¡Ay de ustedes, escribas y fariseos, hipócritas que son semejantes a sepulcros blanqueados! Por fuera lucen hermosos, pero por dentro están llenos de huesos de muertos y de toda inmundicia. Así también ustedes, por fuera parecen justos a los hombres, pero por dentro están llenos de hipocresía y de iniquidad» (Mat. 23:27-28).

Por lo tanto, si nuestro entendimiento del carácter de Dios y Su Palabra no nos conduce a una vida de piedad, es decir, una vida de profunda devoción y obediencia al Señor, entonces tememos decirte que probablemente seamos fariseos en potencia. ¡Seamos sinceros! Sabemos que es más fácil teorizar de asuntos teológicos que aplicarlos a la vida diaria. Es más cómodo debatir sobre la encarnación de Cristo que imitar Su ejemplo y dar nuestras vidas por otros de forma sacrificial. Seamos diligentes en estudiar la Biblia y, a la vez, seamos intencionales en aplicarla para crecer a la imagen de Cristo.

---

[1] Hendricks, Howard. *Living By the Book: The Art and Science of Reading the Bible.* Moody Publishers. 1991, 2007, 20.

3. No juegues al juez de la fe

A los humanos nos encanta actuar como jueces que andan buscando la paja del ojo ajeno y se olvidan de la viga en sus propios ojos. Por eso debemos ser muy intencionales al cuidar nuestros corazones de medir a los demás y aprobarlos y desaprobarlos solo de acuerdo con su nivel (establecido por nosotros) de madurez o conocimiento bíblico. Ningún creyente, sin importar en la etapa que se encuentre en su crecimiento espiritual, es mayor que otro. Todos somos iguales al pie de la cruz. Dios no tiene hijos favoritos porque Él no hace acepción de personas (Deut. 10:17).

Cuando rechazamos a los hermanos que genuinamente aman a Dios por su denominación o perfil teológico, es muy posible que no estemos evidenciando un celo santo, sino que, más bien, estemos inflados de orgullo religioso. Cuando nos atrevemos a ponerle etiqueta de «no creyente» a personas que no comparten algunas de nuestras doctrinas, revelamos la altivez que podría estar anidándose en nuestros corazones. El apóstol Pablo advirtió a los creyentes sobre este error:

«Porque en virtud de la gracia que me ha sido dada, digo a cada uno de ustedes que no piense de sí mismo más de lo que debe pensar, sino que piense con buen juicio, según la medida de fe que Dios ha distribuido a cada uno» (Rom. 12:3).

Cuidemos nuestros corazones del peligro de creernos jueces de la fe que tienen el derecho de lanzar veredictos sobre las vidas de los demás. Dios no nos ha llamado a tratar a nuestros hermanos de acuerdo a su conocimiento bíblico, sino a amar a los creyentes sin importar en dónde se encuentren en su caminar con Dios.

En nuestro trato con los demás no olvidemos la regla de oro de Jesús:

«Por eso, todo cuanto quieran que los hombres les hagan, así también hagan con ellos, porque esta es la ley y los profetas» (Mat. 7:12).

179

4. Sé paciente con el crecimiento de los demás.

El péndulo puede llevarnos a pensar que Dios debe obrar en los demás de la misma forma en la que está trabajando en nuestras vidas. Pero no es así. Todos los creyentes somos diferentes. Nuestras familias, trasfondos y experiencias son distintas. Sin embargo, Dios ha ordenado la manera de llevar a cabo Su obra de santificación en nuestras vidas en medio de nuestras diferencias.

Este es un proceso irreversible cuyo resultado está garantizado por Dios mismo. Comienza cuando Dios abre nuestros ojos espirituales a la verdad de Su palabra y Su evangelio y, sin importar lo lenta o rápida que sea nuestra travesía espiritual, si el Señor mismo le ha dado comienzo con el poder que resucitó a Cristo de entre los muertos, entonces definitivamente llegará a su término. Pablo animó a los creyentes de la iglesia de Filipos con esa hermosa promesa:

«Estoy convencido precisamente de esto: que el que comenzó en ustedes la buena obra, la perfeccionará hasta el día de Cristo Jesús» (Fil. 1:6).

Su obra es efectiva, segura y está garantizada de principio a fin. David mismo alababa al Señor con estas palabras:

«El Señor cumplirá Su propósito en mí...»
(Sal. 138:8)

Dios mismo fue quien inició Su obra de santificación en nosotros y Él la terminará. Por eso necesitamos recordar que Él obrará en cada creyente de forma diferente. El Señor nos hablará con Su Palabra, usará los dones ministrados en la iglesia, la práctica de las disciplinas espirituales, usará distintas circunstancias, orquestará situaciones diferentes y hará todo lo necesario conforme a Su voluntad para perfeccionar Su obra en cada uno de nosotros los que hemos sido comprados por precio con la sangre de nuestro Señor Jesucristo. El fin es el mismo en la obra de santificación: conformarnos a la imagen de Cristo, pero las rutas para llegar a ese destino lucirán diferentes en cada uno de Sus hijos.

Por lo tanto, si el Señor ha sabido tratarnos como oveja perdida a la que vino a buscar o perniquebrada a la que vendar y llevar sobre Sus hombros, nosotros también debemos de ser pacientes con los que no van al mismo ritmo o velocidad que nosotros. Si ese hermano o hermana ha nacido de nuevo conforme al evangelio, podemos confiar que el Espíritu Santo mismo ya intercede por él o ella con gemidos indecibles, perfeccionará Su obra en ellos y de manera progresiva estampará el carácter de Cristo.

5. Enfócate en las doctrinas cardinales.

A veces perdemos demasiado tiempo en discusiones sobre doctrinas que no son cardinales en la fe cristiana. Erramos cuando hacemos demasiado énfasis en aspectos que, por ejemplo, no son explícitos en la Escritura y que no han sido resueltos por completo en siglos. Sin embargo, insistimos en ver en blanco y negro lo que Dios ha dejado gris en Su Palabra. Madurar en Cristo también supone aprender a saber diferenciar entre las doctrinas primarias y secundarias para evitar malos entendidos y divisiones sobre temas que no son centrales y que muchas veces más tienen más que ver con la conciencia personal, que con un mandamiento explícito de la Palabra de Dios.

Es posible que te puedas estar preguntando cuáles son doctrinas cardinales y cuáles son secundarias. Las cardinales son el conjunto de creencias que han sido ortodoxas a través de toda la historia de la iglesia y sobre las que descansa la fe cristiana. Por ejemplo, algunas doctrinas no negociables son que la Escritura es autoritativa, infalible, suficiente, inerrante y divina; Dios es trino: Padre, Hijo y Espíritu Santo. La divinidad y la humanidad de Cristo, Su muerte como sacrificio expiatorio por el pecado del hombre y Su resurrección física. La salvación solo por gracia por medio de la fe en Cristo; la iglesia como institución ordenada por Dios donde solo Cristo es la cabeza. El retorno físico de Jesús y Su reino eterno, solo por mencionar algunas.

Estas doctrinas son consideradas como esenciales porque son centrales en la revelación divina. Pero, existen otras doctrinas que son secundarias porque la Biblia no las enfatiza y la iglesia, a lo largo de los siglos, ha diferido ampliamente en su interpretación y aplicación. Por ejemplo, respecto a los tiempo finales debemos afirmar que el segundo retorno de Cristo es una doctrina esencial. Sin embargo, hay aspectos secundarios como las diferencias de interpretación acerca del rapto o el milenio literal o simbólico. También hay opiniones con respecto al estilo de adoración en la iglesia, si la cena del Señor debe realizarse semanal o mensual, si la iglesia debe tener un solo servicio o puede tener varios y una infinidad más de asuntos secundarios.

Aprender a diferenciar entre estas doctrinas nos ayudará a relacionarnos de forma sana con el pueblo de Dios y nos evitará discusiones estériles y divisivas con nuestros hermanos en la fe.

6. Prioriza la Biblia.

Nuestra generación goza de un sinfín de recursos bíblicos al alcance de nuestros dedos. Hay tantos libros, blogs, podcasts, sermones con un contenido bíblico rico, que se nos hace difícil escoger y estar al día con todo lo que desearíamos leer o escuchar. El síndrome del péndulo podría llevarnos a sustituir con estos recursos nuestro tiempo personal en la Palabra y en comunión con nuestras hermanos aprendiendo de la Biblia en nuestra iglesia local. Podemos llegar a pensar que es suficiente con leer una micropublicación de Instagram con tres verdades muy resumidas sobre el amor de Dios o escuchar un *podcast* sobre la importancia de la lectura bíblica. No hay nada de malo en ver esa historia en Instagram o escuchar el *podcast* en Spotify. El problema se da cuando esas dietas hacen que ya no «necesitemos» abrir nuestra Biblia por nosotros mismos y en compañía de nuestros hermanos.

Sin darnos cuenta nos vamos desnutriendo poco a poco porque no nos alimentamos con el Pan de vida que realmente sacia. Todos esos recursos son excelentes para nuestro crecimiento espiritual, pero son suplementos, no sustitutos del alimento espiritual real. Debemos acudir a ellos para complementar nuestro aprendizaje, nunca para reemplazar la Palabra de Dios.

El síndrome del péndulo está presente en los estudiosos de teología que nunca abren la Biblia misma. Van construyendo su conocimiento de Dios a través de libros, tuits, artículos publicados en Internet y siguiendo algunos personajes. Son de los que estudian las doctrinas bíblicas con libros abiertos, pero con Biblias cerradas.

Recuerda que solo «la Escritura es inspirada por Dios y útil para enseñar, para reprender, para corregir, para instruir en justicia, a fin de que el hombre de Dios sea perfecto, equipado para toda buena obra» (2 Tim. 3:16-17). Usemos los recursos que tenemos en nuestras manos como una avenida que tiene como a la Palabra de Dios como el punto de partida seguro.

7. Revisa tu corazón a la hora de confrontar.

Hay dos elementos que raramente se ven en una misma escena de confrontación entre cristianos: la represión y la mansedumbre. El síndrome del péndulo puede hacernos olvidar el tipo de corazón que el Señor nos demanda y que necesitamos mantener para corregir y confrontar a quienes andan en el error. Dios nos ha dejado muy claro cuál es Su voluntad en el momento de la corrección para Sus hijos. El apóstol Pablo le recordó a Timoteo cuál es la actitud que debemos tener cuando vamos a corregir a otros con la verdad, incluso a personas que están enredadas en el error.

«El siervo del Señor no debe ser rencilloso, sino amable para con todos, apto para enseñar, sufrido. Debe reprender tiernamente a los que se oponen, por si acaso Dios les da el arrepentimiento que conduce al pleno conocimiento de la verdad, y volviendo en sí, *escapen* del lazo del diablo, habiendo estado cautivos de él para hacer su voluntad» (2 Tim. 2:24-26).

No solo una correcta clarificación de la verdad es la marca de la corrección bíblica. Esa corrección será veraz, pero también estará recubierta de amabilidad, paciencia y mansedumbre. La verdad necesita ser adornada con la manifestación del carácter de Cristo. La mansedumbre entrega la verdad sin contienda porque está interesada en la edificación y el arrepentimiento. Pablo nos recuerda que Dios es quien concede el arrepentimiento, es el Espíritu Santo quien guía a la verdad y solo la Palabra penetra hasta «discernir los pensamientos y las intenciones del corazón»

LA VERDAD NECESITA
SER ADORNADA CON
LA MANIFESTACIÓN
DEL CARÁCTER DE
CRISTO.

(Heb. 4:12b). Solo Él puede convencer a los pecadores de su maldad y cambiar su corazón (Juan 16:8). Solo Dios es el responsable de abrir los ojos de los hombres e iluminar sus mentes (1 Cor. 2:9). Recordemos este texto para evitar que el péndulo nos lleve al otro extremo a la hora de corregir, porque al final de cuentas nosotros hemos sido transformados por la misma verdad que queremos compartir. Finalmente, sigamos otro consejo adicional del apóstol Pablo:

«Más bien, al hablar la verdad en amor, creceremos en todos los aspectos en Aquel que es la cabeza, es decir, Cristo, de quien todo el cuerpo, estando bien ajustado y unido por la cohesión que las coyunturas proveen, conforme al funcionamiento adecuado de cada miembro, produce el crecimiento para su propia edificación en amor» (Ef. 4:15-16).

8. Mantente conectado a tu iglesia local.

Quisiéramos recalcar algo que ya mencionamos en el punto anterior. No olvidemos el valor y la importancia de la iglesia local para nuestro crecimiento, sustento y santificación. La iglesia no es optativa en la vida cristiana, es central en términos de supervivencia y crecimiento espiritual. El síndrome del péndulo florece cuando nos desconectamos del cuerpo de Cristo y dejamos de ser pastoreados y discipulados por otros. Corremos el riesgo de caer en extremos peligrosos cuando no existe rendición de cuentas ni otros observan nuestro caminar con Dios.

En esta era de la información cualquiera puede adquirir conocimientos bíblicos y capacitaciones teológicas en seminarios o institutos en línea. Es indudable la bendición que estas instituciones producen y es grandioso tener el grado de accesibilidad a la educación teológica que hace unos pocos años era imposible en nuestra región. Sin embargo, cuando aprendemos en instituciones teológicas, pero estamos separados o distantes de la enseñanza y la influencia de nuestra iglesia local, lo más seguro es que no crezcamos de forma saludable. Podemos llegar a convertirnos en teólogos cibernautas sumamente teóricos con una «presencia en línea» impecable, pero con una vida que no rinde cuentas y que no bendice su propia iglesia local en la vida fuera del mundo virtual.

Esta deficiencia notable puede lucir de muchas maneras; por ejemplo, cuando estamos desconectados de la iglesia local y nuestra «comunidad» está compuesta por creyentes de múltiples lugares que nunca hemos visto en persona. Nos unen a ellos ciertas enseñanzas o intereses teológicos que son buenos, pero no hay verdadera comunión cristiana que nos permita experimentar los altos y bajos de la vida junto con ellos. También cuando nos sometemos a las enseñanzas de un pastor que vemos en línea, podemos sentir la cercanía teológica y la afirmación de su exhortación, pero no podría ser exactamente nuestro pastor, porque para serlo a cabalidad tendría que cumplirse lo que enseñó el autor de la carta a los Hebreos:

«Obedezcan a sus pastores y sujétense a ellos, porque ellos velan por sus almas, como quienes han de dar cuenta. Permítanles que lo hagan con alegría y no quejándose, porque eso no sería provechoso para ustedes» (Heb. 13:17).

Estamos seguros de que tu pastor favorito de YouTube no puede llenar esas características. De hecho, en ocasiones corremos el riesgo de menospreciar el liderazgo de nuestra iglesia local por seguir desproporcionalmente a los ministerios en línea. Muchos también dedican mucho tiempo para servir en iniciativas digitales y de redes sociales y sus pastores ni están enterados de sus emprendimientos ministeriales. Otros están tan ocupados en el mundo virtual que son desconocidos en la congregación o nunca tienen tiempo cuando les solicitan ayuda en su congregación.

Otro gran drama de nuestro tiempo es el poco respeto que se manifiesta entre cristianos en las redes sociales. Somos más prontos a debatir en las redes sociales que en edificar y fomentar relaciones. Constantemente corregimos en público y mostramos un interés mínimo en acercarnos para señalar el error en privado. Somos demasiado «rápidos y furiosos» para juzgar y condenar a los que difieren con nuestras creencias, en lugar de tomarnos el tiempo para escuchar y mostrar la verdad en mansedumbre y amor. Cuando necesitamos escuchar y obedecer el consejo de Santiago:

> «Esto lo saben, mis amados hermanos. Pero que cada uno sea pronto para oír, tardo para hablar, tardo para la ira; pues la ira del hombre no obra la justicia de Dios. [...] Sean hacedores de la palabra y no solamente que se engañan a sí mismos» (Sant. 1:19-20, 22).

Podemos entender que algunos experimentan circunstancias en las que es difícil pertenecer a una iglesia local. Es posible que no existen iglesias sanas en tu localidad, pero no podemos darnos por vencidos. Nuestro deber como creyentes es seguir buscando y si fuese posible considerar hacer los sacrificios necesarios y hasta desplazarnos largas distancias porque los creyentes necesitamos insertarnos en el cuerpo de Cristo de manera local.

Debemos ser intencionales en conectarnos al cuerpo de Cristo para fortalecer el músculo de la sumisión al liderazgo bíblico. Dios usará a Su pueblo para formar el carácter de Cristo en nosotros y para evitar que nos desviemos por extremos peligrosos. Una vida en comunidad marcada por el evangelio nos protegerá cuando nuestra altivez se asome por la ventana de nuestros corazones.

9. No idolatres a tus maestros favoritos.

La mayoría de nosotros tenemos predicadores, maestros o autores fieles a la Escritura que han marcado nuestro caminar con Dios. Son hermanos a los que siempre estaremos agradecidos porque sus enseñanzas trajeron luz a algún área o doctrina en la que necesitábamos crecer o ser amonestados. Sin embargo, cuando esos siervos, sean hombres o mujeres, no son puestos en el lugar correcto en nuestro corazón, corremos el riesgo latente de oscilar el péndulo a un extremo peligroso.

Se pierden las proporciones cuando damos más peso a los argumentos e interpretaciones de nuestros maestros virtuales que a la Palabra de Dios, como si sus opiniones fueran, finalmente, nuestra autoridad principal. Es increíble recordar que esta mala práctica definía nuestra vida pasada. Seguíamos ciegamente a maestros de los que no dudábamos ni un ápice de lo que decían, sea que salga de sus interpretaciones de la Biblia o de su creatividad retórica. Solo cuando pusimos la Palabra de Dios por sobre ellos y buscamos escudriñarla es que pudimos realmente descubrir que no solo no eran enseñanzas bíblicas, sino que eran falsas y se oponían a la verdad del evangelio. Ahora del otro lado del péndulo nos vemos tentados a hacer lo mismo.

Nuestra fuente de autoridad fundamental y suprema es la Escritura. Por más que respetemos a los siervos que Dios ha levantado como luminares en esta generación para la edificación de la iglesia, igual necesitamos cuidar nuestros corazones de la idolatría. Por eso el apóstol Juan, ya anciano, no dudaba en advertir lo siguiente:

«Amados, no crean a todo espíritu, sino prueben los espíritus para ver si son de Dios, porque muchos falsos profetas han salido al mundo» (1 Jn. 4:1).

Es mucho más fácil afiliarnos con un predicador de renombre, consumir y repetir sus enseñanzas, suponer que todo lo que escuchamos es bueno y válido porque sale de él, en lugar de acercarnos a la Escritura para conocerla de primera mano. Tal como compartimos en el capítulo cinco, el discernimiento bíblico es una virtud que Pablo elogió en los de Berea cuando ellos, aún sabiendo que él era un enviado de Dios, pasaron sus enseñanzas todos juntos, como congregación, por el filtro de la Escritura (Hech. 17:11).

Prestemos nuestros oídos para aprender de los maestros bíblicos que Dios está usando, respetémoslos por su fidelidad, seamos agradecidos por su compromiso con la Palabra. Sin embargo, no perdamos nuestro discernimiento espiritual y mucho menos nuestro propio apetito por aprender directamente de nuestra Biblia bajo la dirección del Espíritu Santo y también por instrucción de nuestros pastores, líderes y hermanos en nuestra congregación local.

10. Conoce a Dios para Su gloria.

Este largo recorrido que Dios mismo ha empezado en nuestras vidas y en el que está conformando nuestras vidas a la imagen de Cristo tiene una meta clarísima, ¡Su propia gloria! No es primeramente para hacernos mejores, llenarnos de dones o hacer nuestras vidas más «cómodas». No debemos nunca olvidar que «Cristo nos aceptó para la gloria de Dios» (Rom. 15:7).

Si perdemos de vista este objetivo por el cual nos creó, nos redimió y nos está santificando, podemos quedar atrapados en el extremo oscuro del síndrome del péndulo. Allí olvidamos que existimos para la gloria de Dios y centramos a Dios y a nuestras vidas solo en nosotros y nuestros intereses y necesidades. En lugar de conocerle para relacionarnos con Él, someternos en obediencia y darlo a conocer, somos tentados a usarlo como un mero «instrumento» para promover nuestro bienestar y a nosotros mismos. En lugar de servir, nos servimos de otros. Somos arrastrados por el deseo pecaminoso de buscar la gloria personal al punto de espiritualizar la autopromoción.

Gracias a Dios por el evangelio que nos recuerda que todo lo que somos es por la obra de Cristo y nos limpia una y otra vez. Todo lo que somos proviene de Él, por Él y para Él (Rom. 11:36). Nuestras vidas son suyas desde el principio y hasta la eternidad para contar la extraordinaria grandeza de Su gracia que nos llevó de las tinieblas a Su luz (1 Ped. 2:9). Somos simples vasos de barro y nuestra fragilidad muestra las marcas de la redención de Aquel que un día nos trajo de la muerte a la vida y nos hizo útiles para Su gloria (2 Cor. 4:5-7).

¡UNA ESPERANZA GLORIOSA!

Las páginas de este libro están por terminar, pero la obra de Dios continúa en nuestras vidas y en la tuya. Dios no ha terminado con nosotros. Este es un recorrido que finalizará cuando nos encontremos cara a cara con nuestro Señor (1 Jn. 3:2). Lo mejor de todo es que estamos amparados por una convicción inamovible:

¡Dios seguirá tallando la imagen de Cristo en nosotros!

Él continuará orquestando situaciones para santificarnos, Su paciencia y amor no se cansarán de mostrarnos las áreas en nuestras vidas que aún necesitan de arrepentimiento para ser transformadas por el poder del evangelio.

Tenemos la seguridad de que Dios está esculpiendo la imagen de Su Hijo en nuestros corazones cada día, tal como lo dice Su Palabra, «Yo inicié la buena obra en ti y la terminaré» (Fil 1:6). Es glorioso saber que Dios nunca dejará a Sus hijos en el lugar en que los encuentra. Si somos Sus ovejas está garantizado que escucharemos Su voz pastoral y le seguiremos (Juan 10:27), y atenderemos a Su llamado para ser santificados (Hech. 10:10), para que Su gloria sea el atractivo que los demás vean en nosotros.

Es probable que ahora, al mirar tu vida, no luzca como quisieras. Te entendemos porque nosotros también experimentamos lo mismo, pero podemos confiar en que, si estamos en Sus manos, Él no nos dejará como

¡EL EVANGELIO ENDEREZÓ LO QUE ESTABA AL REVÉS!

estamos porque el Señor ha interpuesto la fidelidad de Su Palabra. Recuerda que Dios cumple Sus promesas. Aunque no lo percibas, puedes confiar en que todos los días experimentarás cambios al aferrarte a Cristo y Su verdad.

No olvides que no somos los protagonistas de la historia que te acabamos de contar, se trata de un Dios poderoso que un día tuvo misericordia de dos pecadores y les extendió Su gracia al mostrarles la portentosa obra de Cristo que los hizo rendirse a los pies de la cruz. Se trata de un Dios que ha caminado con nosotros pacientemente y no nos ha desechado a pesar de nuestros errores. Se trata de un Dios que nos ha mostrado Su amor al proveernos una iglesia local con hermanos y hermanas que nos van modelando a Cristo día con día en la medida en que interactuamos y crecemos espiritualmente juntos. Durante todo este libro hemos hablado de un Dios que nos ha sostenido en cada una de nuestras pruebas y dificultades. Es un Dios que nos garantiza completar Su obra en nosotros y que además nos promete que un día volverá a restaurar todas las cosas para que vivamos con Él por toda la eternidad.

Esta historia trata de Cristo y de las buenas nuevas del evangelio que les dieron un giro a nuestras vidas. Oramos que esta también sea tu historia y la de muchos para que juntos podamos declarar con gozo:

Ya no somos quienes éramos antes. ¡El evangelio enderezó lo que estaba al RƎVƎS! Ahora caminamos en dirección contraria a la corriente del mundo y de cara a nuestro Señor Jesucristo. ¡A Él toda la gloria!